C. BOUGLÉ

CHARGÉ DE COURS A LA SORBONNE

CHEZ

LES

PROPHÈTES SOCIALISTES

SAINT-SIMONIENS ET OUVRIERS
LE FÉMINISME SAINT-SIMONIEN
L'ALLIANCE INTELLECTUELLE
FRANCO-ALLEMANDE (1894)
MARXISME ET SOCIOLOGIE

LIBRAIRIE FÉLIX ALCAN

CHEZ LES PROPHÈTES SOCIALISTES

DU MÊME AUTEUR

LIBRAIRIE FÉLIX ALCAN

Les Idées égalitaires (*Étude sociologique*). 2ᵉ édit. 1 vol. in-8° 3 75
Les Sciences sociales en Allemagne. 2ᵉ édit. 1 vol. in-16.   2 50
Qu'est-ce que la Sociologie ? 2ᵉ édit. 1 vol. in-16. . .   2 50
La Démocratie devant la science. *Études critiques sur l'hérédité,
   la concurrence et la différenciation.* 2ᵉ édit. 1 vol. in-8° cart.   6 »
Essais sur le régime des Castes. 1 vol. in-8°. . . . . 5 »

LIBRAIRIE CALMANN LÉVY

Notes d'un Étudiant français en Allemagne (Jean Breton).

LIBRAIRIE DELAGRAVE

Choix des Moralistes français des XVIIᵉ, XVIIIᵉ et XIXᵉ siècles
   (En collaboration avec A. Beaunier).
A l'Arrière (Jean Breton).

LIBRAIRIE CORNÉLY

Pour la Démocratie française (Conférences populaires).
Vie spirituelle et Action sociale.
Solidarisme et Libéralisme.
Syndicalisme et Démocratie.

LIBRAIRIE GIARD ET BRIÈRE

Le Solidarisme.

LIBRAIRIE ARMAND COLIN

La Sociologie de Proudhon.

LIBRAIRIE ATTINGER

Les Sources de la Guerre.
Dans le Secteur de Jeanne d'Arc.
Des raisons d'aimer la France en guerre.
L'Intervention de l'Amérique latine.

LIBRAIRIE BERGER-LEVRAULT

Noël de Soldats. La Fraternité du front (Jean Breton).

CHEZ

LES PROPHÈTES SOCIALISTES

PAR

C. BOUGLÉ

CHARGÉ DE COURS A LA SORBONNE.

SAINT-SIMONIENS ET OUVRIERS
LE FÉMINISME SAINT-SIMONIEN
L'ALLIANCE INTELLECTUELLE
FRANCO-ALLEMANDE (1844)
MARXISME ET SOCIOLOGIE

PARIS
LIBRAIRIE FÉLIX ALCAN
108, BOULEVARD SAINT-GERMAIN, 108

—

1918

A LA MÉMOIRE

DE

JEAN JAURÈS

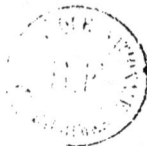

En reprenant mon enseignement à la Sorbonne, je publie telles quelles ces études, composées avant la guerre : elles pourront servir d'amorces à des recherches méthodiques qu'il serait plus que jamais indiqué de poursuivre, et qui mettraient en pleine lumière ce qui est dû, tant à nos «socialistes » qu'à nos « sociologues ».

Je dédie ces essais à la mémoire de la première victime de la guerre : Jean Jaurès. Je n'ai pas partagé toutes ses espérances. Et j'ai même dû, plus d'une fois, en discuter publiquement avec lui. J'ai apprécié du moins, comme quiconque a pu l'approcher, non pas seulement la générosité de son cœur, mais la fécondité de son cerveau. Tous ceux qui ont lu ce qu'il a écrit dans l'Histoire socialiste savent qu'il y a multiplié, sur l'enchaînement des doctrines et leurs rapports avec les événements, les vues précieuses ; les historiens de l'économie sociale lui doivent leur tribut particulier d'admiration et de reconnaissance.

C. B.

SAINT-SIMONIENS ET OUVRIERS

« Vous ne ferez plus un pas sans poser le pied dans les traces que nous avons imprimées. Notre Verbe est au milieu de vous ; vous l'incarnerez en vous. » Ainsi, en 1832, vaticinait Barrault, l'orateur saint-simonien, s'adressant aux sages qui croyaient mortes et enterrées la Doctrine et l'École. Et Enfantin, le « Père », pape détrôné, mais non pas désabusé, répétait un peu plus tard : « Le monde se partagera nos dépouilles. »

Ces prophéties n'étaient pas si vaines. On commence à s'en rendre compte : parmi les idées « sociales », dont le dix-neuvième siècle a vécu ou qu'il a essayé de faire vivre, il en

BOUGLÉ.   1

est peu qui ne laissent voir la marque saint-
simonienne. Et cela est vrai des plus humbles
comme des plus grandioses, de celles qui ont
avorté comme de celles qui ont réussi. A tous
les titres, assez divers d'ailleurs, dont la posté-
rité honore les fils de Saint-Simon — apôtres
de l'industrialisme, annonciateurs du socialisme, chevaliers du pacifisme, poseurs de rails,
perceurs d'isthmes, lanceurs de banques, etc., —
il convient d'en ajouter un plus modeste, mais
révélateur de l'une de leurs tendances profondes : les premiers, ils ont mis en train ce
que nous appelons aujourd'hui des Universités
populaires.

Les « intellectuels » qui se donnaient avec
tant de ferveur, aux environs de 1900, à l'œuvre
des U. P., se doutaient-ils qu'ils ne faisaient
que renouer une tradition et reprendre un essai d'avant 48 ? Certes, entre leur attitude et
celle de leurs aïeux saint-simoniens, les diffé-
rences abondent. Ceux-ci possédaient une foi
et s'en vantaient, tandis que les intellectuels
de 1900 ne juraient que par l'esprit critique.
Les saint-simoniens ne cachaient pas leur vo-

lonté de gouverner le peuple en l'organisant. Les intellectuels ne prétendaient que mettre à sa portée des munitions — renseignements ou méthodes — dont il userait à sa guise.

Malgré tout, des ressemblances subsistent. Et quiconque a participé à l'effort des Universités populaires, s'il ouvre ces curieux dossiers du « Degré des Ouvriers » que conserve la Bibliothèque de l'Arsenal[1], aura l'impression du déjà vécu. Il verra repasser tels incidents topiques. Il reconnaîtra, en même temps que certaines situations, certains états d'âme. Il retrouvera dans l'ardente atmosphère du saint-simonisme, plus intenses seulement et comme portées au rouge, des émotions qui furent siennes...

*
* *

Le saint-simonisme n'était point fait, originairement, pour s'adresser au peuple. Petit-cousin du duc de Saint-Simon, fier de sentir

---

1. Le premier, M. Charléty a utilisé ces dossiers (Fonds Enfantin) dans son *Essai sur l'histoire du Saint-Simonisme*, Paris, Hachette, 1896.

couler dans ses veines le sang des comtes de
Vermandois et de Charlemagne lui-même,
éclairé au surplus par les expériences de la
Révolution sur l'impuissance des masses à rien
organiser, l'auteur des *Lettres d'un habitant
de Genève* ne frappe d'abord qu'aux grandes
portes, à celles des autorités sociales : intellectuelles, politiques, ou économiques. Ce sont
les membres du Bureau des Longitudes, c'est
Bonaparte en personne qu'il accable de ses pé-
titions-programmes, destinées à préparer la
régénération du pouvoir spirituel. Plus tard,
lorsque son mot d'ordre devient : « Tout pour
l'industrie, tout par elle », il remet aux chefs
de culture, aux directeurs de grandes entreprises, et par-dessus tout aux banquiers, le soin
de faire évoluer les légions de producteurs.

Dans cette société industrielle dont il célèbre le prochain triomphe, il lui plaît de ne
pas distinguer entre les intérêts des entrepre-
neurs et ceux des « opérateurs », entre ceux
des patrons et ceux des ouvriers. Il parle volontiers de cette société comme d'un bloc, et d'un
bloc qui devrait garder la forme d'une pyramide.

Aux capacités il appartient, en répartissant les fonctions selon les aptitudes, et en proportionnant les rémunérations aux œuvres, de faire régner l'ordre nouveau. Le système du grand inventeur-gentilhomme demeure jusqu'au bout un système aristocratique.

C'est du moins un système qui prend pour fin — Saint-Simon le répète à satiété — « l'amélioration matérielle et morale du sort du plus grand nombre ». Et au fur et à mesure qu'il approche du terme de sa carrière, le sort de la classe « qui n'a plus d'autre moyen d'existence que le travail de ses bras » le soucie de plus en plus : il voit, il touche, il veut faire voir et toucher les plaies du prolétariat, véritable crucifié de la civilisation industrielle. Dans son dernier livre, *le Nouveau Christianisme*, en 1825, que reproche-t-il à la religion traditionnelle, catholique ou protestante ? De n'avoir pas pris assez à cœur le sort des humbles, de n'avoir pas su organiser le travail assez méthodiquement pour assurer, sur cette terre, le salut de la foule. Et il éprouve alors le besoin d'expliquer — on dirait presque qu'il s'en ex-

cuse — pourquoi il n'a point parlé à la foule
d'abord. Il aurait craint, dit-il, d'exciter les passions des déshérités contre les riches et les
puissants du jour. Il espérait que ceux-ci, les
premiers interpellés, comprendraient assez
vite leur intérêt véritable pour accomplir d'eux-
mêmes les réorganisations nécessaires. Mais il
laisse entendre qu'après ces avertissements les
temps sont révolus : le saint-simonisme, en
devenant une religion, va chercher directement le cœur du peuple.

⁂

Ambitieux programme, mais qui trouve bientôt, pour le mettre en œuvre, des serviteurs
de choix. Autour du souvenir de Saint-Simon
une élite intellectuelle se groupe. Les Polytechniciens y dominent. Après avoir précisé
dans *le Producteur* le système d'idées coordi-
natrices qu'ils opposent à l'anarchie mentale de
leur temps [1], la plupart d'entre eux compren-

1. Comment ce système évolue, et passe du point de vue
» libéral » au point de vue socialiste, c'est ce qu'a montré

nent que les dernières paroles de Saint-Simon
sont aussi les paroles révélatrices : il importe
que le saint-simonisme, pour régner sur le
monde, devienne une religion populaire. A
cette tranformation, Enfantin, cet « adorable
Satan », emploie toute la puissance de fascina-
tion dont il dispose. Olinde Rodrigues, le ban-
quier mystique de la secte, lui dévoue toutes
les forces d'une âme candide servie par une
intelligence avisée. Bazard, le plus lucide, le
plus mâle de tous, est entraîné comme malgré
lui dans ce torrent de foi et d'amour. Laurent,
Transon, Carnot, puis Duveyrier, d'Eichthal,
Barrault forment des équipes de missionnaires
supérieurement armés tant par l'intensité de
leurs convictions que par la largeur de leur
culture. C'est vraiment un nouvel Évangile que
ces intellectuels exaltés pensent apporter au
monde, un Évangile qui le mène doucement de
l'industrialisme au socialisme.

Les leçons des événements concourent, d'ail-

M. Élie Halévy dans une étude sur *la Doctrine économique de
Saint-Simon et les Saint-Simoniens (Revue du Mois*, 10 décembre
1907, 10 juillet 1908).

leurs, avec la logique de leur doctrine, pour les inciter à pousser aux premiers bancs de l'Église nouvelle la classe des déshérités. Celle-ci ne vient-elle pas de se dresser brusquement, en pleine lumière, dans les journées de juillet? Sur beaucoup d'esprits la Révolution de 1830 produit l'effet d'une sorte de résurrection du peuple, — résurrection trois fois glorieuse. Car, si les ouvriers, par leur poussée irrésistible, ont bousculé le trône et renversé Charles X, ils n'ont rien brisé, rien brûlé, rien pillé. Ils se sont révélés athlètes puissants, mais maîtres d'eux-mêmes, capables de discipliner leur force aussitôt déchaînée. Spectable « sublime » qui venait à point pour effacer, en quelque sorte, le souvenir des tragiques saturnales de 93. Ce vainqueur magnanime, pouvait-on le laisser dans la situation lamentable que commençaient à révéler les enquêtes sur les effets de la grande industrie? Il avait aidé la bourgeoisie à secouer le joug politique : à son tour ne l'aiderait-elle pas à secouer le joug économique? Les Saint-Simoniens, les premiers, commentent sans se lasser cette antithèse. Ils insistent à plaisir sur ce que les Révolutions politiques laissent d'inachevé. Qu'un roi libéral prenne la place d'un roi autoritaire, qu'une république même substitue au sceptre des rois les faisceaux des licteurs, est-ce assez pour soulager le monde des charges que lui impose l'entretien de tant « d'oisifs » ? est-ce assez pour faire définitivement cesser « l'exploitation de l'homme par l'homme » ? Un parti reste à constituer : celui qui ne se laissera pas emprisonner dans les chinoiseries du constitutionnalisme. C'est le *parti des travailleurs.*

Ces avertissements furent assez mal accueillis, comme on sait, par les possédants, et en tout cas par les gouvernants de ce temps-là. On trouva bientôt moyen de traduire en justice les fondateurs de la nouvelle religion. Et lorsqu'ils eurent à se défendre contre les réquisitoires des procureurs, ils ne trouvèrent pas grand appui du côté du public même libéral. Ces hommes d'élite qui pour confesser leur foi ont tout abandonné — leurs biens, leur famille, les honneurs auxquels ils pouvaient prétendre — ne rencontrent, dans ce monde où ils brillaient hier, qu'une hostilité ironique, ou une indifférence plus dure encore. Aussi renient-ils avec empressement ceux-là qui les ont reniés. Ils dessaisissent, pour faire appel devant le peuple, cette bourgeoisie qui n'a pas su les comprendre. Dans les hymnes qu'ils chanteront en inaugurant leur couvent de Ménilmontant, le 1er juillet 1832 — accompagnés d' « accords glorificateurs » par Félicien David — ils exprimeront avec toute la netteté désirable les sentiments, déceptions et espérances, qui président à leur évolution.

> Nous tournons à gauche
> Et laissons à droite
> Nos amis qui grondent,
> S'étonnent, se taisent,
> Jetant la couronne
> Qu'ils tressaient d'avance...
>
> Les *bourgeois* cherchaient nos salons,
> Le *peuple* nous cherche au désert.
> Les bourgeois nous croyaient perdus,
> Le peuple nous a retrouvés.
>
> C'est que le peuple enfin commence à nous connaître
> Pour lui nous avions fait livres, journaux, discours.
> Mais nous devons par lui nous laisser voir nous mêmes
> Et par lui nous laisser toucher nous-mêmes, nous.

Et se tournant vers Paris qu'ils dominent,

> Dans la grande voix du géant,
> Confuse, mugissante, immense, monotone,

ils discernent les cris des prolétaires écrasés.

Plus tard, lorsque Paris les aura tout à fait déçus et qu'ils songeront à émigrer à Lyon, leur lyrisme méthodique déduira cette nécessité elle-même. Paris, après tout, est la ville de la consommation et du luxe. Lyon est par excellence la ville du travail mâle, la ville qui s'est mis la première une ceinture de chemins de fer, « symbole de notre politique », celle aussi « où cinq cent mille têtes n'ont qu'une pensée : *produire* ». Et Enfantin qui aimait, en bon prophète, à interpréter les signes les plus simples ou les plus vulgaires, ayant eu à souffrir d'une fièvre accompagnée d'une transpiration abondante, se réjouira de ce qu'il nomme un changement de peau : « Les bourgeois et les docteurs se sont retirés de moi ; nous sommes prolétaires. »

Pour que pareille métamorphose pût s'accomplir, encore fallait-il que le saint-simonisme se mît lui-même à la portée du peuple; encore fallait-il qu'il adaptât ses enseignements à la tournure d'esprit et au degré de culture des ouvriers.

L'enseignement saint-simonien était d'abord ouvert indistinctement aux membres de toutes les classes. Et le niveau en était assez élevé, si l'on en juge par les livres ou les articles où se sont condensés les cours. L'*Exposition de la doctrine saint-simonienne*, qui contient les enseignements donnés par Bazard en 1828 et 1829, est sans doute un des plus beaux livres de philosophie de l'histoire qu'ait laissé le dix-neuvième siècle. Comment, de phase en phase, l'association gagne sur l'antagonisme, quelles conséquences doivent s'ensuivre pour la régénération du système économique, de l'institution pédagogique, des croyances religieuses, des arts eux-mêmes, tout cela est expliqué avec une fermeté de ton et une largeur de vues qui

ne pouvait manquer de frapper des auditoires,
pour peu qu'ils fussent déjà des élites. Mais
comment apprécier de si vastes synthèses si
l'on ne possède quelque connaissance préalable
des faits historiques qu'elles rassemblent et
s'incorporent ? De même, les conférences d'Enfantin et de Pereire sur l'industrie, les finances,
la valeur et les causes de ses variations, supposent chez leurs élèves une compétence économique assez étendue. Il était difficile que les
menuisiers du faubourg Saint-Antoine suivis-
sent ces enseignements en même temps que
les ingénieurs, les médecins, les juristes dont
on voulait gagner le concours.

Il convient d'ajouter que la « prédication »
saint-simonienne ne risquait pas seulement de
dépasser par sa tenue scientifique les auditoires
populaires ; elle pouvait aussi les heurter par
son élan religieux. Quand les ouvriers de 1830
voyaient paraître sur les murs les singulières
affiches que posait l'École, avec ces mots en
lettres grasses : *Religion saint-simonienne*, leur
premier mouvement était de s'écrier : « Encore
une manœuvre des jésuites ! » Et lorsque, dans

les séances où la curiosité les avait amenés, le
vocabulaire mystique revenait sur les lèvres de
l'orateur, ils se raidissaient avec mauvaise humeur — ou avec ironie — contre ces tentatives
pour les « embéguiner ». De là, aux leçons publiques de l'Athénée, place de la Sorbonne,
des tumultes dont il n'était pas toujours facile
aux saint-simoniens de se rendre maîtres,
malgré le prestige et le talent de leurs missionnaires.

Quelques échos de ces séances troublées
nous sont parvenus. La période des vacances
est toujours pour les sociétés d'enseignement
populaire une période critique. Dans l'été de
1831, nombre de leurs néophytes bourgeois
s'étant dispersés, les apôtres de la nouvelle religion furent comme livrés au peuple, qui ne
badinait pas, ou badinait trop. Le compte rendu
d'une improvision de Jean Raynaud nous donne
l'idée des efforts épuisants qu'ils durent dépen-
ser pour tenir tête à l'orage :

« Faites silence, je vous prie, et écoutez-
moi. Je veux parler du peuple. Tout homme
qui veut parler du peuple a droit è être entendu,

partout où il se présente, avec calme, avec respect... Sur quel prétexte vous basez-vous donc pour troubler depuis près d'un mois le silence et la solennité de nos enseignements ? Vous parle-t-on de choses qui soient risibles ou méprisables ? Que vous a-t-on dit qui ne fût du peuple ?... Vous le voyez, le peuple, on vous parlait du peuple... Je le déclare, avant d'être saint-simonien j'étais aussi partisan des idées de liberté absolue, aussi peu partisan des idées religieuses que qui que ce soit ici ; mais si quelqu'un, quel qu'il fût, s'était présenté devant moi et avait déclaré qu'il voulait parler d'améliorations pour le peuple, je me serais découvert devant lui, et je l'aurais écouté jusqu'au bout dans le silence et le respect. Dans ce grand nom de peuple, il y a quelque chose d'imposant, et lorsqu'on le prononce il n'est permis à personne de le prendre à plaisanterie ou de faire tapage. »

Supplication désespérée: le mot du peuple retentit, presque à chaque phrase du discours, comme le coup de sonnette d'un président affolé. En jetant ce mot à la masse, il semble

qu'on espère acheter son silence, et reconquérir des sympathies qui s'échappent. La tactique
est vieille comme la démocratie, comme la
démagogie...

Ne nous hâtons pas toutefois d'accuser les
orateurs saint-simoniens d'avoir glissé avec
complaisance sur cette pente dangereuse. Ils
se reprennent à temps. Leur idée de derrière
la tête demeure une idée de « hiérarques ». Ils
entendent bien continuer à mener. Ils ont seulement éprouvé, comme tant d'autres, que pour
tenir, pour retenir le peuple, il faut d'abord
lui parler de lui, et bientôt agir avec lui. Ils
feront donc méthodiquement ce qu'ils faisaient
instinctivement. Déjà, dès avant 1830, Vinçard
nous le raconte (dans ces *Mémoires épisodiques
d'un vieux chansonnier saint-simonien*, qui
sont un livre délicieux), les prédicateurs saint-
simoniens avaient coutume d'abriter en quelque
sorte leur mysticisme derrière leur socialisme :
c'était comme le bouclier de leur ostensoir.
Leur conclusion n'était-elle pas, invariable-
ment, « l'amélioration du sort de la classe la
plus déshéritée et la plus nombreuse » ? Ce

miel promis faisait passer le reste. Quand ils
éprouveront le besoin de constituer un enseignement spécial pour les ouvriers, les saint-
simoniens laisseront sagement à la porte la
plus grande part de leurs ambitions encyclopé-
diques. A l'auditoire en blouse ils parleront
plus volontiers, à ce qu'il semble, de ce qui le
touche le plus directement, dans sa vie rétré-
cie, dans sa chair blessée. On commentera, en
s'inspirant des articles du *Globe*, les derniers
événements sociaux — l'insurrection de Lyon,
par exemple, avec cette devise « terrible et
sublime » : *Vivre en travaillant ou mourir en
combattant*, qui devait éveiller tant d'échos
dans la littérature économique. — On analysera
les méfaits divers de la concurrence. On tâchera
de faire comprendre la nécessité du machi-
nisme. Et après ces exposés familiers on dis-
cutera librement, entre soi : l'ouvrier enfin va
pouvoir ouvrir son cœur, laisser couler le flot
de ses peines et de ses rêves.

Et puis, et surtout on s'efforcera de mêler,
à ces œuvres d'éducation, des œuvres d'assistance mutuelle, qui contribuent déjà, si peu que

BOUGLÉ.   2

ce soit, à l'amélioration de la vie. Plus d'une
U. P., de nos jours, a senti le besoin de s'ados-
ser à une coopérative, de s'ajoindre un bureau
de consultations juridiques. Les intellectuels
saint-simoniens — Fournel et Claire Bazard
plus nettement que tous les autres — avaient
compris qu'il est paradoxal de vouloir, sans les
aider matériellement, grouper les déshérités
autour de soi. Lorsqu'on organisa le « degré
des ouvriers » il fut entendu que le directeur
de chacun des douze arrondissements, tuteur
attitré des catéchumènes, serait assisté d'un
médecin. L'École devait avoir, de même, ses
douze pharmaciens. On projetait aussi d'ins-
taller des maisons communes où les néophytes-
prolétaires pourraient, en diminuant leurs
dépenses de loyer, de chauffage, de nourriture,
former déjà de vraies familles. On devait enfin
organiser des ateliers-modèles, où les principes de la Doctrine recevraient, dans la mesure
du possible, un commencement d'application.

Ainsi se formeraient peu à peu, espérait-on,
les cadres de « cette grande armée pacifique des
travailleurs qu'attendent de si hautes destinées ».

Combien d'ouvriers, et quelle sorte d'ouvriers furent attirés par cette propagande ? Les
rapports des directeurs permettent de s'en
rendre compte. Fournel, qui totalise leurs
renseignements, en sa qualité de directeur gé-
néral du Degré des Ouvriers, est fier de citer
à l'Assemblée générale d'octobre 1831, au bout
d'une campagne d'un an, 330 fidèles, dont 110
femmes, plus 1.510 assistants, disposés à bientôt prononcer — il en a l'espérance — leur profession de foi. En somme, près de 2.000 ouvriers, affirme-t-il, « sympathisent avec la foi
nouvelle dont nous sommes les messagers ».

Les catégories où se recrutent ces fidèles
sont assez diverses. Voici, au hasard des listes, des tailleurs, des chapeliers, des bottiers,
un mécanicien, un apprêteur de draps, un do-
reur, un sculpteur sur bois, un maître de
danse, deux instituteurs primaires. Parmi les
femmes : une fleuriste, une culottière, une
fruitière, une marchande de modes, une sage-
femme. Voici même une petite actrice (« pas

jolie, note le directeur; mais elle a la fraîcheur du printemps, et malgré sa profession un peu scabreuse, peut-être aussi la pureté... »).

On n'a pas l'impression, à parcourir ces listes, que le saint-simonisme ait touché beaucoup de ces prolétaires proprement dits dont le socialisme « scientifique » sera l'avocat : ceux que Marx appellera les appendices de la machine, les serfs de la grande industrie. Certes la France aussi, en 1830, connaît cette nouvelle race d'hommes dont Sir Robert Peel prévoyait la croissance. Le « système anglais » avec ses pompes-à-feu et ses *mule-jennies*, avait été importé sur le continent : philanthropes et hygiénistes commencent à en dénoncer les conséquences. Mais c'était sans doute en province — dans les fameuses caves de Lille par exemple — que ces conséquences se faisaient surtout sentir. Dans la capitale, les artisans, ceux que Buchez appellera, par opposition aux ouvriers de fabrique, les ouvriers libres, « dont l'habileté est le principal capital » demeurent la majorité. En tous cas c'est auprès d'eux que la propagande saint-simonienne

rencontre le plus de faveur. Et le plus souvent
elle procède par conquêtes individuelles. Il arrive parfois qu'un « pêcheur d'hommes »
(c'est le nom qu'on donnait à ces recruteurs)
attire au saint-simonisme, d'un seul coup de
filet, une dizaine de tailleurs ou d'ouvriers chapeliers. Le plus souvent c'est le hasard des visites qui amène les artisans aux prédications saint-
simoniennes, où ils rencontrent d'ailleurs, en
même temps qu'un certain nombre de bouti-
quiers, des déclassés, des sans-travail de toutes
provenances.

— Public légèrement hétérogène, en somme.
A se le représenter, on s'explique la difficulté
que rencontrent quelquefois les prédicateurs
saint-simoniens lorsqu'ils insistent sur des
notions fabriquées exprès, semble-t-il, pour
les exploités de l'industrie. Non seulement,
lorsqu'on voudra décider les catéchumènes à
vivre en maison commune, à la rue Popincourt
ou à la rue de la Tour-d'Auvergne, il faudra
vaincre chez eux certaines répugnances... bour-
geoises [« Tous encore veulent que leur linge
ne serve à peu près que pour eux »]; mais en-

core on a quelque peine à leur faire comprendre la nécessité de transformer de fond en
comble le régime de la libre concurrence commerciale. « Beaucoup, dit Raymond Bonheur,
dans le VII⁰ arrondissement, ne sentent pas
encore l'entraînement des choses. Cependant le
mot concurrence est senti dans sa laideur par des
hommes qui voient leur établissement pέricli-
ter... « Les sans-travail, ajoutent-ils, s'initient
par leur soúffrance à une vie plus morale. »

* *

Ces initiations par la souffrance, à vrai dire,
ne devaient pas êtres rares. Sitôt que d'orateurs ils deviennent visiteurs, et se mettent à
monter les escaliers branlants des maisons
noires dans les faubourgs, les saint-simoniens,
presque chaque jour, se trouvent face à face
avec la misère. Ils en reçoivent ces in pres-
sions vives, qui, mieux que les plus méthodiques inductions de la philosophie de l'histoire,
convertissent les âmes. De leurs yeux ils découvrent le dénûment des prolétaires. Et plus
d'un « rapport » se transforme, sous cette in-

fluence, en une liste lamentable de demandes de secours.

Biard, directeur du IIIe arrondissement, envoie cette note :

Maire (Éloi-Louis) âgé de quarante-quatre ans, passementier, a fait le tour du monde. Sa femme et ses enfants sont chez leur beau-père. Il soutient sa mère par le peu de travail qu'il a. L'exploitation dont il est l'ob ;et chez son maître est horrible. Depuis cinq heures du matin jusqu'à neuf heures du soir il gagne 30 sols par jour.

Le ménage Leroy, rue de Bellefonds, 26, trois enfants, pas de travail, avait promis, dit Dumont, d'amener à la doctrine un pasteur protestant ; mais madame Leroy réclame d'abord « un léger secours à l'infortune que vous savez soulager sans l'humilier ».

Haspott signale le cas de Fontaine, ancien officier, très capable de faire un professeur excellent ; sa femme et lui tiennent à honneur de conserver une tenue décente. Mais ils en sont réduits, pour ne pas mourir de faim, à chanter dans les rues.

Henry, maître de danse, (IVe arrondissement), demande les instruments de travail appropriés à sa profession, « c'est-à-dire un habit convenable ».

Le tailleur Desclos va être mis en faillite : on demande pour lui l'assistance d'un avocat.

Les directeurs saint-simoniens ne tardent pas à se sentir débordés. Ils soupçonnent d'ailleurs

que beaucoup de pauvres gens ne viennent à
eux qu'attirés par l'espoir d'une aumône dé-
guisée. Ils connaissent l'intime déception de
l'apôtre qui veut faire adorer une idée au monde,
et n'est écouté que pour le morceau de pain
qu'il apporte, pour le médecin qu'il amène, pour
la potion qu'il promet. Inventeurs et chômeurs
encombrent le parvis de la nouvelle Église. De
tristes marchés s'y ébauchent. Un jeune homme
se déclare prêt à se marier selon les rites de la
religion saint-simonienne : mais il faut d'abord
que, sur créance qu'il montre, on lui fasse une
avance de 300 francs. Malgré trois visites dans
une même semaine, Dodmond, ferblantier,
reste froid, dit Clouet. Il laisse entendre assez
crûment que si la doctrine lui donnait de l'ou-
vrage il serait saint-simonien. Baron est plus
amer encore : s'il était resté inféodé au christianisme, n'y a-t-il pas longtemps qu'il aurait
obtenu du secours ? « On nous prend, écrit
Parent, du XI" arrondissement, pour une société
de Saint-Joseph. » — « Tous, sans exception,
déclare de son côté Delaporte, viennent poussés
à nous par la pauvreté et la disette. »

Des missions de province, la même note arrive. Jules Lechevalier, de Dijon, fait savoir avec enthousiasme : « A chaque instant il nous vient de nouveaux amis, et surtout de la classe ouvrière. » mais il ajoute : « La plupart nous portent des brevets d'invention et nous demandent du travail. »

Le Degré des ouvriers saint-simoniens c'est d'abord, selon l'expression de l'un des rapporteurs, le docteur Robin, une « multitude souffrante ».

.*.

Gardons-nous toutefois d'en conclure que seul l'intérêt matériel amenait des recrues populaires au saint-simonisme. Les mobiles moraux ont ici leur part, qui n'est certes pas négligeable. Nombre de gens viennent en effet demander à l'église saint-simonienne une nourriture spirituelle, ou en tout cas un réconfort moral. La doctrine a du moins le mérite de servir de foyer à une grande « amitié » : la pure flamme de l'amour mutuel y brille d'un éclat attirant. C'est pourquoi, à côté des sans-travail, les saint-simoniens voient venir à eux les sans-famille. « Il n'y a peut-être pas eu dans le saint-simonisme une personne qui n'y ait été poussée par des chagrins de famille, » dira plus tard G. d'Eichthal[1]. Affirmation sans doute excessive. Mais le fait est que dans le Degré des ouvriers, les veuves, les célibataires, les abandonnés, les isolés ne sont pas rares.

Madame Noel, « qui joint à un physique assez agréable un cœur excellent et une franchise sûre » est une veuve sans enfants. Madame Rondel, sage-femme, « qui a eu à lutter contre l'envie qui s'attache d'ordinaire aux femmes qui sentent le besoin de s'élever au-dessus de leur sexe », est séparée de son mari. Duvignet pleure sa jeune femme qui vient de mourir, enceinte, à l'hôpital Saint-Louis. Le bonheur de trouver une « famille de choix », comme disait Félicie Herbaut, est un des principaux attraits de la nouvelle église. Chanon, inventeur de châssis, le confesse ingénùment : il vient à la doctrine parce que la vie solitaire l'ennuie.

1. Cité par G. Weill, *l'École saint-simonienne, son histoire, son influence jusqu'à nos jours*, Paris, Alcan, 1896.

Les U. P. devaient recueillir et réchauffer, elles aussi, plus d'un solitaire de cette même race...

A côté des isolés, d'ailleurs, voici les inquiets, les désenchantés, ceux qui, même s'ils ont conservé une famille, un métier qui devraient les attacher à la vie, ne trouvent plus de saveur à rien. Quelquefois, au seul spectacle d'une réunion saint-simonienne, ils se sentent soulagés, ils sont sauvés. Leur sensibilité manquait d'un centre d'aimantation; leur vie désormais a un but. « Mon père, s'écrie un jeune homme, c'est le premier jour que je me trouve dans cette enceinte. Je ne saurais vous dire le plaisir que j'éprouve en ce moment. Je n'ai jamais rencontré que l'inquiétude sur la terre. Je ne pouvais jamais espérer trouver une société aussi nombreuse où chacun fût aussi heureux du bonheur des autres. » C'est ainsi que le saint-simonisme, avant l'armée du Salut, opère des cures miraculeuses, rend l'allégresse aux mélancoliques, ressuscite les âmes mortes. Il faut voir dans les *Mémoires* de Vinçard, comme dans ceux d'une *Fille du peuple* (Suzanne

Voilquin), quelle était, dans les premiers moments au moins, la tonifiante influence de ces
conversions. Avec quelle joie, dit Lenoir, on
quittait les « sommeils d'indifférence » et les
« réveils de désespoir » pour « revêtir l'enthousiasme religieux d'un néophyte saint-simonien » ! « J'étais, écrit Mme Perroud, fatiguée
de la vie : mon courage était tout à fait abattu. »
« J'errais, dit un autre, dans l'incertitude. » Un
autre : « Je cherchais... comme un pauvre voya-
geur. » Plus touchante encore est la confession
de Dubois et de Lamy, l'un âgé de soixante-
cinq ans, l'autre de soixante-douze, tous deux
vieillards aux cheveux blancs. Olinde Rodrigues
s'adresse solennellement à eux : « Vieillards,
vous voulez changer de religion ? — Nous
avons plus besoin que les jeunes gens de
croire à quelque chose, répond l'un d'eux : nous
voulons mourir tranquilles. »

Les professions de foi devaient souvent
donner lieu à des manifestations de ce genre.
Lorsqu'un ouvrier passait du rang d'aspirant à
celui de membre de la famille, il devait exprimer
ses sentiments en quelques pages dont l'on

donnait lecture en public. Parfois, c'était une
manière de biographie : le catéchumène ra-
contait ses aventures, énumérait ses déboires.
D'autres fois il rappelait la vie, il célébrait la
mission du Précurseur; ou, plus ambitieux, il
se permettait quelques aperçus synthétiques
sur le passé et l'avenir de l'humanité. Il lui
était loisible aussi d'indiquer les avantages de
la religion nouvelle sur les religions tradition-
nelles, et de dire pourquoi, en particulier, il
croyait devoir donner congé au catholicisme.

Sur ces thèmes négatifs plus d'un ouvrier, à
ce qu'il semble, eût aimé à insister. Les directeurs sont obligés d'ajourner, parce que trop
pleine de flèches à l'adresse du catholicisme, la
profession de foi de Rossignol, fils de concierge,
qui tenait, paraît-il, des discours enflammés aux
domestiques qu'il réunissait dans la loge pa-
ternelle. Mais on laisse Rousseau, orfèvre de
la Cité, déclarer : « Ce n'est pas un sacrifice
que je fais en repoussant la foi catholique, ou
du moins je ne le compte pas pour tel, vu que la
religion nouvelle que j'embrasse m'offre à parcourir un champ plus vaste et mille fois plus

beau, pour le bonheur universel de mes semblables. » Voinier est plus sommaire, plus
tranchant encore : « Mes pères et mes mères,
le jour est donc arrivé où je vais avoir le
plaisir de prendre place au nombre des enfants
de Saint-Simon, en renonçant à la religion catholique. J'y renonce, vu son insuffisance au
jour où nous sommes. » Et Rodier père, l'un
des plus naïfs, semble-t-il, l'un des plus gauches
(on est sûr, du moins, que sa profession de foi
n'a pas été corrigée) : « Nous ne formerons
plus qu'une seule famille. Ce ne sera plus
comme dans la religion de mes pères, que j'ai
suivie jusqu'à présent, où je n'ai eu que des
peines et des traverses... Il me souvient que du
temps de ma jeunesse les prêtres catholiques
de nos pays tenaient les malheureux dans la
servitude empêchant qu'ils n'apprennent de
l'éducation, afin de les tenir toujours dans la
servitude. » C'est ainsi que le saint-simonisme,
— fortune paradoxale, — devenait dans la
main des ouvriers parisiens une manière de
bélier, qu'ils se plaisaient à retourner contre
les portes des cathédrales gothiques ; beau-

coup d'entre eux voyaient, dans la profession
de foi saint-simonienne, un moyen d'exprimer
solennellement une vieille passion anticléricale.
Il est vrai qu'une Suzanne Voilquin, après
avoir entendu une élévation de Ch. Lam-
bert, à la rue Taitbout, écrit : « Ma fibre religieuse en fut profondément émue : je pourrais
donc, me disais-je, reconquérir ma place
dans la vie générale ! » mais de pareils cris sont
rares. On n'a pas l'impression que les tailleurs,
les chapeliers, les menuisiers recrutés par les
« pêcheurs d'hommes » soient pour leur propre compte tourmentés par l'infini. Sans
doute, assez d'autres soucis, plus pressants, bar-
rent leurs perspectives. Cette soif de religiosité
à laquelle un Ballanche avait donné une si
magnifique expression était surtout, peut-être,
une soif d'intellectuels lassés et déçus. Les plus
exaltés des adeptes de la foi nouvelle sont des
polytechniciens, qui deviennent mystiques pour
avoir été trop « brutiers », comme ils aimaient
à dire : pour avoir abusé des explications mécanistes et des déductions mathématiques.
Quant à la multitude souffrante qui se groupait

autour d'eux, c'est aux « améliorations matérielles » entrevues, escomptées, qu'allaient naturellement tous ses rêves. Et le seul dogme
que les membres du Degré des ouvriers aimaient
à retenir de la révélation saint-simonienne,
c'était celui qu'ils appelaient — en tirant un peu
violemment de leur côté les idées de leurs
« Pères » — le saint dogme de l'égalité. —

⁂

Si les saint-simoniens ne réussirent pas toujours à transformer en un véritable sentiment
religieux la peine des travailleurs, ils firent du
moins tout le possible pour l'empêcher de s'exprimer en brusques gestes de révolte. Parce
qu'ils ont pris à leur compte, en face des privi-
légiés, la revendication des déshérités, et en face
des oisifs, la protestation des producteurs, on
a parfois tendu à les rendre responsables de
l'effervescence qui se manifeste, peu après 1830,
au sein du prolétariat français. Les procureurs
d'alors n'eussent pas été fâchés de les englober,
eux aussi, parmi les préparateurs d'émeutes.
Rien de plus injuste. Les misères qu'ils voient

et touchent de plus près, depuis qu'ils ont organisé le Degré des ouvriers, redoublent sans doute l'impatience que les saint-simoniens éprouvent en face du désordre industriel. Et souvent — l'éloquence aidant, — à la fraternelle pitié dont leur cœur déborde un bouillonnement de colère s'ajoute. L'un d'entre eux, Baud, parlant le dimanche soir à la réunion des ouv.iers, se confessera d'avoir sermoné les bourgeois, le matin, avec une âpreté excessive : indigné de ces yeux qui restaient secs, il a été « un peu trop ce Dieu qui menace et foudroie ». Mais ceux mêmes à qui de pareils mouvements échappent se hâtent de s'en excuser. Ils savent bien qu'ils ont forfait à la règle de la Doctrine : rester calme et répandre le calme est le devoir d'un saint-simonien qui se respecte. C'était ce que ne manquait pas de rappeler Enfantin, qui prêchait d'exemple. Dans les réunions les plus mouvementées, au milieu des discussions les plus émouvantes un superbe sang-froid ne l'abandonnait jamais. Promenant sur l'assemblée le tranquille regard d'un magnétiseur sûr de sa force, il s'efforçait de trouver les paroles qui apaisent. Docile à l'inspiration d'Enfantin le saint-simonisme, sur les vagues qu'il voyait s'enfler autour de lui, a passé son temps à filer de l'huile.

L'émeute, en ce temps-là, devient une habitude, une manière d'institution. Les pavés ont à peine le temps de rentrer dans leurs alvéoles. Pour la guerre des rues, étudiants et ouvriers des faubourgs sont toujours prêts à fraterniser. Aux juges qui lui demandaient sa profession, Considère jette cette réponse caractéristique : « Émeutier ». Bien loin de se laisser aller à cet entraînement, les disciples de Saint-Simon sont des premiers à réagir contre lui. Ils ont pu connaître les uns ou les autres, dans leur jeunesse, la fièvre des barricades : tel d'entre eux a commencé par être un chef de conspirateurs. Mais leur conversion les oblige à dire adieu à ces méthodes romantiques. A leurs yeux, les bouleversements de la rue ne peuvent plus que retarder la solution du vrai problème, qui est d'ordre économique. De tels chocs sont contraires en tout cas à cette loi d'amour dont le monde a par-dessus tout besoin. C'est pourquoi

les rues ravagées, les vitres brisées, les volets
percés par les balles sont aux saint-simoniens
des visions intolérables. Ils honnissent le « pavé
du peuple » autant que la « baïonnette bour-
geoise ». Empêcher le retour de l'émeute, ce
sera une de leurs idées fixes.

Aussi ne savent-ils trop comment accueillir
la fameuse descente des canuts lyonnais sur
Lyon effrayé. Le drapeau noir que ceux-ci pro-
mènent, avec la devise qui devait appeler tant
de commentaires, c'est sans doute, pour une société qui s'abandonne au « laissez-faire, laissez-
passer », un salutaire avertissement ; mais c'est
aussi un précédent des plus dangereux. Avant
tout il faut éviter que cela se répète. C'est pourquoi, parlant aux ouvriers parisiens, les saint-simoniens refuseront aux journées de Lyon la consécration de la gloire accordée aux journées de
juillet. « Le drapeau qui a été élevé à Lyon,
s'écrie Olinde Rodrigues, est un grand symbole
Mais l'événement de Lyon ne sera jamais un
glorieux événement. Ah ! jamais la gloire ne
s'attachera au sang versé parmi les membres
d'une même famille, entre des travailleurs... »

Et, pour parer à l'influence d'un mauvais
exemple, faisant appel à l'amour-propre de la
capitale : « Paris doit répéter Lyon ? Paris n'a
jamais répété personne (1). »

Si pourtant le malheur veut qu'à nouveau
les terribles faubourgs se mobilisent : « Vien-
drez-vous tous avec moi, femmes et enfants,
sans armes, vous jeter entre les combattants
avec vos écharpes bleues ? » — « Oui », jure
l'auditoire ému. « Alors, il n'y aura plus d'é-
meutes. »

« Il n'y aura plus d'émeutes », avec quel sou-
pir de soulagement le saint-simonien s'enchante
de cette perspective ! Amener le privilégié et
le déshérité à s'embrasser — comme s'em-
brassèrent Pennekère et M. de Beaufort, le
jour de la confession de Baud, au milieu des
acclamations et des larmes de l'assemblée —
c'est le triomphe du saint-simonisme. Ses
adeptes ne sont jamais plus contents que
lorsqu'ils ont réussi à éteindre au cœur des

(1) *Le Globe*, 18 décembre 1831.

prolétaires ces feux de haine que trop souvent
la misère y allume. Lenoir, à la mission de
Toulouse, appelé en témoignage par Grenel,
loue ses pères de lui avoir fait oublier « ces
sentiments haineux qu'il partageait avec ses
anciens compagnons de travail ». « Voici dès
lors, ajoute-t-il, comment j'ai compris ma tâche dans le saint-simonisme : contribuer autant
que je pourrais à arrêter l'effet des passions
populaires en montrant aux ouvriers que les
moyens violents sont précisément contraires à
leur intérêt... faire aimer les riches aux pauvres, les pauvres aux riches. » Apôtres de la
paix entre les nations, les saint-simoniens pensent n'être que logiques en prêchant ce qu'on
appellerait aujourd'hui la paix sociale. Entre
patrons et salariés ils aperçoivent bien des intérêts antagoniques ; mais ils comptent que
l'association universalisée triomphera de cet
antagonisme même. Les prolétaires demeurent
à leurs yeux, comme les femmes, les « êtres de
paix » par excellence, qu'une ère de violence
comprime injustement : il leur appartient, en
se pliant aux conditions d'une production plus

rationnellement organisée, d'enseigner enfin la paix au monde.

La France n'est-elle pas d'ailleurs la terre la plus favorable à l'accomplissement de cette mission ? Il faut se souvenir que jusqu'en 1830 c'est l'Angleterre qui passe pour le pays des tumultes industriels. Saint-Simon réclame pour les prolétaires français, comparés à leurs frères anglais, une indéniable supériorité morale : ils sont les plus capables de s'entendre en toute sympathie avec leurs maîtres naturels, les directeurs de l'industrie ; ils sont les plus sociables, en somme, et par là même les plus maniables. C'est en France que la main blanche et la main calleuse s'étreignent le plus facilement. C'est là que le bloc industriel a le plus de chances, par suite, de résister aux causes de rupture. Longtemps les disciples conservent sur ce point l'illusion du maître. Olinde Rodrigues se plaît encore à opposer, en 1831, l'attitude des ouvriers saint-simoniens à celle des émeutiers de Manchester. « Vous, vous ne menacez personne ; vous attendez que ceux qui se sont constitués vos avocats, vos pères, vous fassent

entrer en association avec ceux qui jusqu'à ce
jour vous ont méconnus. »

Pour entretenir, ou pour reconstituer ces
tendances pacifistes au cœur des ouvriers, le
mieux était sans doute d'assouplir ceux-ci à la
hiérarchie si précieuse aux yeux des saint-simoniens. Sur ce point ils s'efforcent de ne
pas transiger. Ils maintiennent que le peuple
doit s'incliner devant ceux qui sont en effet
ses maîtres naturels, c'est-à-dire ceux qui sont
désignés, non point par une hérédité aveugle,
mais par des capacités vérifiées. L'obéissance,
dans ces conditions, est la vertu primordiale.
Enfantin y insiste, en louant Flachat d'avoir
donné l'exemple de cette vertu : « Aujour-
d'hui ce sentiment-là est profondément caché,
écrasé, et presque perdu chez les hommes.
Aujourd'hui on ne sait pas ce que c'est que
d'aimer un supérieur, et encore moins de
s'attacher à un inférieur. Voilà pourquoi il est
si simple que les inférieurs rendent si peu
d'amour pour si peu d'amour. Toi qui sais sentir et aimer tes supérieurs, tes inférieurs, tu
es bien à la place qui t'est assignée. Tu sauras

enseignér parce que tu sais pratiquer cet
échange d'amour que nous appelons l'autorité
saint-simonienne. » Et là-dessus revient le refrain pacificateur : « Eh bien ! mes enfants,
avec de tels chefs l'émeute n'est plus possible... »

Le souci de la hiérarchie à sauver, pour le
salut de tous, empêche les saint-simoniens de
faire la moindre concession au système électoral. « Voix du peuple, voix de Dieu », à aucun
degré ils ne sauraient admettre cet acte de foi.
Ils veulent bien se dévouer tout entiers à la
masse, mais non pas s'en remettre à elle. C'est
pourquoi partout où ils aperçoivent germe ou
résidu de quelque institution démocratique que
ce soit, ils croient que tout est perdu. Malgré
leur élan socialiste, les Owenites leur paraissent
faire fausse route, « car ils se fondent, dans
leurs groupes, sur le principe de l'élection par
en bas ».

A fortiori les saint-simoniens se défient-ils des
petites sociétés secrètes qui foisonnent en ce
temps-là, et qui commencent à rêver de substituer, par un coup de main hardi, la République

à la monarchie. Méthode immorale et idéal chimérique. Lorsqu'une combattante de Juillet, Julie Fanfernaut, — tempérament ardent, surexcité par le souvenir de journées héroïques, — voudra adhérer à la Doctrine sans rien répudier de ses gestes de révolutionnaire ou de ses rêves de républicaine, les Pères feront front contre elle. Et Olinde Rodrigues, — le même qui devait se réveiller, sous l'exaltation de 48, pour proposer une Constitution dont la devise aurait été : « Tout pour le peuple et par le peuple », — Olinde Rodrigues à ce moment-là déclarait, ni plus ni moins que Guizot parlant du suffrage universel : « La République est impossible ».

.·.

Comment les ouvriers saint-simoniens recevaient-ils ces conseils ? De quel cœur respectaient-ils la sacro-sainte hiérarchie ? La vie, à l'intérieur de cette petite société-modèle, était-elle toujours aussi facile qu'elle aurait dû l'être, si ses membres avaient été touchés jusqu'aux moelles par la grâce saint-simonienne ?

Quelques rapports laissent à penser que la ré-

génération était loin d'être complète. En dépit
des embrassades ménagées entre représentants
des prolétaires et représentants des bourgeois,
la distinction des classes subsiste. Des membres
du Degré ouvrier se plaignent que lorsqu'ils ont
l'occasion de se mêler aux bourgeois, lors des
prédications, les rangs restent marqués. « Plu-
sieurs de mes filles à bonnet, écrit Clouet, se plaignent de recevoir moins d'égards que les dames
à chapeaux qui vont à la prédication. Je leur ai
fait à cette occasion un petit enseignement sur
l'intérêt bien entendu de la classe la plus nombreuse. Elles inclinent à penser que les formes
des introducteurs ne sont pas les mêmes pour
tous. »

Ailleurs c'est la jalousie des ouvriers vis-à-
vis les uns des autres qui montre sa pointe.
Tels honneurs décernés aux uns font murmurer
les autres. Le frère de Brion a été introduit au
Degré préparatoire, puis au Salon · Brion n'est
pas content. On a fait entrer un certain nombre
d'industriels — les plus distingués sans doute
par ce que les rapporteurs appellent leurs
« virtualités » — au Degré des bourgeois. A

éviter, écrit Brosset, du VIe arrondissement :
« C'est un sujet de jalousie pour les autres ».

D'ailleurs le principe même de la hiérarchie
saint-simonienne semblait, aux adhérents plé-
béiens, un peu dur à accepter. Vinçard — qui
est pourtant de si bonne composition — nous
en fait la confidence. Les idées de ses directeurs
de conscience sur l'autorité sacerdotale, et cette
espèce de papauté relevant, non du vote libre
de tous, mais d'une sorte d'inspiration per-
sonnelle, lui paraissent « exorbitantes ». Le
classement des capacités aussi lui fait l'effet de
quelque chose de tyrannique «Eh bien quoi !
me disais-je, l'homme n'aurait pas de lui-même
la connaissance, l'intuition de ce qu'il est apte
à faire ? Ce sont des *classeurs* qui, de leur
propre autorité, nous parqueront à tout jamais,
ainsi que des moutons, dans un cercle d'assu-
jettissement dont nous ne devrons jamais sor-
tir ? » Et quels seront ces classeurs ? Et en
vertu de quel droit leur autorité sera-t-elle établie ? Beaucoup d'ouvriers, lorsqu'on leur
expliquait le futur fonctionnement de la société
régénérée par l'esprit saint-simonien, devaient

ainsi hocher la tête. En tous cas, la façon dont les principes de l'École étaient appliqués ne leur donnait pas toujours satisfaction. Dans la machine si soigneusement construite les frottements, voire les grincements, n'étaient pas rares.

Le rapport qui nous en transmet le plus d'échos est celui de Parent, du XIe arrondissement. Ce Parent est évidemment un mauvais esprit, un esprit hypercritique. Il ne passe rien à la Doctrine. Il n'atténue aucune difficulté — aucune de ces difficultés où devaient plus d'une fois se heurter. de nos jours, les successeurs des saint-simoniens. Les malentendus, insinue-t-il, étaient à prévoir. Les apôtres chrétiens étaient des artisans, de petites gens, des hommes du peuple ; les saint-simoniens sont des intellectuels. Et ils sont parfois malhabiles à parler le langage du peuple. A ces rencontres ils devaient gagner, pensait Enfantin, la spontanéité qui leur manquait. Les ouvriers, en attendant, y perdent la leur. Ne les sent-on pas gênés, et comme humiliés, dans ces réunions où on les endoctrine ?

Pour leur développement intellectuel, il vau-
drait mieux sans doute « les laisser dans un
état de liberté ». Et pour le progrès social de
leur classe il faudrait, au lieu de les grouper
par arrondissements, les grouper par genre
d'industries, « au risque de reconstituer les
corporations ». A ces conditions le saint-simonisme ne pourra plus être accusé de constituer une « société de dormeurs ».

Le programme est hardi, et gros de consé
quences. A ce risque de reconstituer les corporations les saint-simoniens sont sensibles,
comme la plupart des esprits dans le premier
tiers du dix-neuvième siècle : le souvenir des
abus des maîtrises et jurandes était trop frais
encore. Mais ils commencent à se rendre compte
que si l'on veut porter remède aux excès de la
libre concurrence, des groupements professionnels sont nécessaires, qui devraient être, non
pas seulement des sociétés de secours mutuels,
mais des sociétés de résistances : on dira, cin-
quante ans après, des syndicats.

L'idée que la classe ouvrière doit, pour se
sauver et sauver le monde, s'organiser syndi

calement est en germe dans l'esprit de ces
saint-simoniens avertis par leurs déceptions
mêmes. Et ce sont là des germes qui, en se développant, disjoindront les pierres de beaucoup de vieux édifices, que les fils de Saint-Simon eussent voulu respecter.

*
* *

Ces groupements par genre d'industries ne
furent pas organisés. Les deux ateliers, de cou-
turières et de tailleurs, qu'on avait essayé de faire
vivre végétèrent, puis disparurent. Les deux
maisons communes, celle de la rue Popincourt
et de la rue de la Tour-d'Auvergne, furent aban-
données. La Famille se dispersa aux quatre vents.
Non pas seulement, comme beaucoup de fidèles
aimèrent à le croire, parce que la discorde se
mit au camp des pontifes. Les prétentions singulières d'Enfantin réclamant pour le couple
sacerdotal une liberté supérieure, furent sans
aucun doute, pour la secte, une terrible cause
de trouble et de découragement. Il convient
d'ajouter qu'en tout état de cause une entreprise comme celle du Degré des ouvriers sup-

pose une énorme consommation de dévoue-
ment, de respect, de confiance mutuelle. Pareil
niveau moral ne se soutient pas longtemps,
dans un milieu historique où tout conspire à
l'abaisser. Les apôtres découragés retournèrent
bientôt dans leurs familles, à leurs métiers, à
leurs affaires (quelques-uns devinrent, en effet,
des hommes d'affaires éminents). Seule demeura une poignée de pauvres gens que l'Église
avait réconfortés, qui n'oublièrent pas la douceur de ces effusions collectives, et firent tout
leur possible pour ne pas se perdre de vue. Les
plus fortunés continuèrent à visiter, à aider les
autres. On réussit à mettre sur pied, en 1861,
une société de secours mutuels, *les Amis de la
famille*, humble témoignage d'un grandiose effort : une si haute marée laisse à la grève ce
coquillage menu...

Gardons-nous cependant de conclure que le
saint-simonisme a passé par-dessus la classe
ouvrière sans agir sur elle, sans favoriser son
action. Il l'a aidée de plus d'une manière. Non
pas seulement par le vocabulaire qu'il a estam-
pillé, par des notions comme celles de « l'exploi-

tation de l'homme par l'homme » ou du « progrès
par l'association » que les agitateurs socialistes,
à la veille de 48, ne manquent pas d'accueillir
et de colporter. Le saint-simonisme mène au socialisme par une autre voie. Il hâte comme malgré lui, au cœur des prolétaires qu'il s'efforce
d'enrôler, la fermentation du sentiment ouvrier; il aide sans le vouloir à la préparation de
ce qu'on appellera plus tard la « conscience de
classe » des prolétaires. Ces frères inférieurs
ne sont pas impunément réunis, instruits, en-
traînés à la parole. Parmi eux et, à leur exemple,
autour d'eux, des propagandistes se forment qui
bientôt voudront défendre par eux-mêmes, et
à leur façon, sans demander la permission, sans
recevoir le mot d'ordre de personne, la cause
des travailleurs. Un amour-propre ouvrier se
dresse, qui laisse voir bientôt sa susceptibilité.

Lorsque Michel Chevalier, l'un des plus ardents
prédicateurs saint-simoniens, devenu presque
l'un des économistes attitrés du gouvernement
impérial, laissera tomber sur la classe ouvrière,
en 1842, l'accusation de paresse et d'ivrognerie,
le bon Vinçard se chargera lui-même de le rap-

peller un peu rudement à l'ordre : décidément
on voit bien, écrira-t-il, que ce philanthrope n'a
pas passé « par tous les trous de filière du prolétariat, par toutes les tortures de la vie néces-
siteuse de l'ouvrier ». Dans les *Poésies sociales
des Ouvriers*, qu'Olinde Rodrigues réunit et publie en 1841, au milieu des hymnes d'amour et de
paix qui devaient réjouir le cœur de l'éditeur,
plus d'une sombre malédiction s'élève. Mé-
ditant sur Paris et sur le tranquille sommeil de
l'oisif: « Quoi ! je n'oserais pas démasquer cette
race... » s'écrie Francis Tourte. Et L.-M. Porty,
décrivant l'existence lamentable des « Truands
modernes », ne peut contenir ce qu'il appelle
lui-même un « chant colérique », un « hymne
de mort ». Il se trouvera bientôt des journa-
listes prolétaires pour faire chorus avec leurs
frères poètes. C'est parmi les anciens auditeurs des prédications saint-simoniennes que se
recrutent les premiers fondateurs de journaux
ouvriers, qui mettront leur orgueil à ne plus
admettre de collaborateurs bourgeois, si bien
intentionnés qu'ils puissent être. Et lorsqu'en
1843 Flora Tristan lance l'audacieux projet de

l'*Union Ouvrière*, elle répète encore les formules
saint-simoniennes, mais avec un accent nouveau : appelant à s'associer pour se défendre,
pour « extirper la misère » tous ceux, quelle
que soit la diversité de leurs métiers, qui travaillent de leurs mains et vivent de leur travail,
elle se plaît à nommer leur classe, en faisant
sonner haut ce nouveau titre de gloire, la classe
la plus nombreuse et la plus *utile*.

« Émancipation des travailleurs par les travailleurs eux-mêmes », ce cri de défi, qui conclut le *Manifeste communiste*, n'éclate pas encore. Mais à plus d'un signe l'explosion s'an-
nonce. L'idée est dans l'air. A cette manière
nouvelle de poser la question sociale, nombre
d'esprits, dans les faubourgs, se préparent peu
à peu. En dépit de lui-même le saint-simonisme
devait contribuer à cette préparation. Les fondateurs du Degré des ouvriers sont eux aussi
des initiateurs débordés. La pente du siècle aidant, le socialisme aristocratique des fils du
Messie-gentilhomme sera l'un des fourriers de
la démocratie sociale.

LE FÉMINISME SAINT-SIMONIEN

On ne reproche plus guère aujourd'hui, aux
doctrines socialistes, de couvrir de leur drapeau l'immoralité sexuelle. Les procureurs les
plus attardés ont renoncé à ce thème. Il fut
pourtant classique pendant de longues années.
Lorsqu'on faisait le procès des communistes,
ou de leurs ancêtres, on ne leur reprochait pas
seulement d'en vouloir à la propriété privée ; on
ne manquait pas d'ajouter qu'ils comptaient
aussi, pour délivrer l'humanité, briser les liens
sacrés du mariage, et ne complotaient rien de
moins que la communauté des femmes. Nul
doute que le souvenir de ce dernier grief n'ait
été pour beaucoup dans l'espèce d'horreur
sacrée que le seul mot de socialisme, et à plus

forte raison celui de communisme, ont longtemps inspirée aux honnêtes gens.

A qui la faute ? A quel moment, sous quelles
influences s'est formée cette fâcheuse auréole ?
Le fouriérisme sans doute en est pour une
bonne part responsable : l'apologie systématique des passions, à laquelle se livrait avec
complaisance l'auteur des *Quatre mouvements*,
sa prétention de remplacer en tout et pour tout
la contrainte par l'attraction, ses préférences
pour la « Papillonne », qui veut la variété non
seulement en matière de travail mais en matière
d'amour, tous ces traits, sur lesquels les cari-
caturistes de la doctrine insistaient à plaisir,
concordaient à répandre l'impression que le
socialisme ne rêvait qu'Abbayes de Thélème,
où les gens de mœurs faciles se donneraient
rendez-vous.

Mais plus encore que le fouriérisme, le saint-
simonisme prêta le flanc à ces accusations : le
saint-simonisme, tel du moins que le Pape Enfantin voulut l'entendre. On n'avait plus ici à
compter seulement avec les théories plus ou
moins extravagantes d'un inventeur ; une secte

se dressait vivante et agissante ; et le premier dogme qui lui était prêché, celui qu'elle avait mission d'inculquer au monde, c'était la *réhabilitation de la chair* : sous prétexte de faire de la femme l'égale de l'homme, toute licence en amour aux femmes comme aux hommes, et d'abord aux prêtres ! C'est ce que beaucoup de contemporains comprirent, ou voulurent comprendre.

Le scandale fut vif, et savamment entretenu. Il servit longtemps, dans les milieux bien pensants, à jeter le discrédit sur tout le socialisme.

La « révélation » d'Enfantin eut heureusement d'autres effets. Il ne sera pas inutile de les indiquer, après avoir rappelé ce qu'il voulait au juste, et sous quelles influences il l'a voulu.

.·.

Sur un point au moins l'opinion ne s'est pas trompée : un moment vient où le problème de la femme est en effet pour le saint-simonisme le problème central, et comme l'obsession collective de ses adeptes.

L'École n'éprouve-t-elle pas le besoin de le
marquer jusque dans son titre? En 1833, elle
subit l'épreuve de la persécution. Le soupçon
d'immoralité, joint à l'accusation d'escroquerie,
a donné gain de cause au procureur. Enfantin,
Chevalier, Duveyrier achèvent dans les prisons
du roi l'élaboration de la doctrine. Cependant
la troupe des fidèles restés libres brûle de l'appliquer. Pour chercher la femme rêvée et atten-
due par le Père une « mission » sera envoyée
jusqu'en Orient. Et Barrault l'éloquent, toujours prêt à trouver des titres et des formules,
— heureux aussi peut-être, en l'absence d'Enfantin, de faire acte d'initiative, — décide que les
vrais saint-simoniens devront désormais s'appeler *les Compagnons de la Femme*. Quelques apôtres, il est vrai, font bande à part; ils renient
l'autorité de Barrault. Mais ils s'intituleront de
leur côté, *Croyants à l'égalité de l'homme et de
la femme*. Ainsi il apparaît que, moins de sept
ans après la mort de l'auteur des *Cahiers des industriels*, sur l'industrialisme qu'il avait planté,
s'est greffé un féminisme, dont la végétation
surabondante cache presque le tronc primitif.

La doctrine saint-simonienne, en se développant, a plus d'une fois changé son personnage principal. Au début, ce sont les savants que l'*Habitant de Genève* voudrait pousser au premier plan. A d'autres moments les banquiers prennent la tête. Puis la lumière se concentre sur les prolétaires. Finalement la femme paraît et accapare l'attention : dans sa gloire, dirait-on, tout le reste s'évanouit.

Changement de plan et déplacement d'intérêt bien faits pour surprendre Saint-Simon lui-même, s'il en avait pu être témoin. Enfantin se plaît à répéter, comme pour mieux faire apprécier la nouveauté de son Evangile : « Saint-Simon n'a jamais parlé de la femme. » Est-ce tout à fait exact ? Au dire de Rodrigues, Saint-Simon dans ses derniers Entretiens aurait le premier lancé cette formule dont l'École devait tirer tant de conséquences : « Le véritable individu social, c'est le couple. » Bien des années avant, lorsqu'il prononce son jugement — si dur — sur l'Angleterre, il donne comme preuve des inconséquences où elle se complaît la situation faite aux femmes : les brebis, selon

lui, y sont mieux protégées contre les mauvais
traitements! Mais tout compte fait, il semble
bien que la femme n'ait tenu grande place ni
dans la vie ni dans la pensée de Saint-Simon.
S'il se marie, c'est à seule fin, paraît-il, de pouvoir
traiter à sa table les savants dont la conversation l'instruisait. D'Eichthal dira plus tard, non
sans dédain, que dans la vie de Saint-Simon on
ne trouve jamais que la servante : un peu moins
que chez Socrate ! C'est pourquoi il ne pouvait
être le révélateur complet.

Du moins Saint-Simon prononce-t-il, dans ses
derniers jours, deux paroles qui permettent de
prévoir le sens où son École va s'engager :

« Souvenez-vous que pour faire quelque
chose de grand il faut être passionné. » — « On
a eu tort de conclure que le système religieux
tendait à s'annuler. » Paroles prophétiques, en
ce qui concerne désormais les destinées de
l'École : nombre de ceux qui la formèrent res-
sentent en effet, au lendemain de la mort du
maître, le besoin d'une vie religieuse, et d'une
vie religieuse où pourraient s'épanouir enfin
toutes les spontanéités du sentiment : ce vœu à

lui seul — le vœu romantique par excellence,
pourrait-on dire — ne devait-il pas tourner naturellement leur pensée vers la femme ?

On sait qu'entre 1820 et 1840, fatiguée de
tant de secousses brutales et d'efforts déçus, la
France cherche une foi apaisante : le mysticisme redevient à la mode. Plus vivement que
beaucoup d'autres les saint-simoniens devaient
en éprouver l'attrait. Peut-être parce que plus
longtemps que les autres ils ont été des intellectuels ; et des intellectuels occupés à étudier
les lois de la matière. Parmi eux beaucoup de
polytechniciens, qui ont d'abord pensé en « brutiers », comme on di...it alors. Une heure vient
où ils sont comme sursaturés de mathématiques et de physique : ils étouffent, dans l'atmosphère des abstractions. Sur leurs fronts
qui brûlent ils implorent, ils appellent l'onde
du sentiment qui rafraîchit et régénère. Croyants
d'autant plus passionnés demain qu'ils auront
été hier des esprits critiques plus avertis.
Ajoutons, que les saint-simoniens comptent
dans leurs rangs plus d'un représentant de la
race messianique. Les juifs gardent toujours

le don de prophétie, dira d'Eichthal : ils en font
profiter l'École où ils prennent place. Eugène
Rodrigues surtout, âme toujours frémissante,
propage autour de lui la fièvre religieuse ; bientôt, emporté par la mort, après une touchante
histoire d'amour contrarié, il garde dans le souvenir de l'École figure d'annonciateur. On pense
accomplir sa volonté suprême en cherchant à
créer, non plus seulement un centre de recherches et de réflexions sur le progrès de l'industrie et ses conséquences, mais un vaste foyer
d'amour.

Autour de ce foyer la place des femmes
n'était-elle pas toute marquée ? Pouvait-on sans
leur concours espérer une régénération du
monde par le sentiment ? Quand le cœur re-
commence, comme dira Comte, son insurrection contre l'esprit, l'heure de la femme n'est
pas loin de sonner. N'a-t-on pas reconnu, de
tout temps, à sa sensibilité spéciale, le privilège de ces intuitions spontanées après les-
quelles soupire l'homme qui a abusé de l'intelligence ? En cherchant la religion comme il
la cherchait, le saint-simonisme devait logique-

ment trouver la femme sur son chemin. Pour
l'application de sa méthode nouvelle, elle était
l'instrument désigné.

Il lui suffisait d'ailleurs, pour qu'il fût amené
à se pencher sur elle, de développer le programme posé par le maître lui-même. Viser
« l'amélioration matérielle et morale du sort du
plus grand nombre », faire cesser enfin toutes
les formes de « l'exploitation de l'homme par
l'homme »; c'était l'idéal légué par Saint-Simon,
dans le *Nouveau christianisme*, à l'École qui
voulait devenir une Église. Mais dans l'armée
des déshérités, à y bien regarder, les femmes
ne sont-elles pas toujours au premier rang?
Ne sont-elles pas presque partout soumises
à une exploitation éhontée? C'est contre elles
du moins que l'on peut se permettre léga-
lement des abus d'autorité de toutes sortes.
Abus d'autant plus choquants qu'on leur a
ôté systématiquement le pouvoir, si même
l'on n'a pas tué en elles jusqu'à l'envie de la
protestation. Pas plus que l'ouvrier la femme
n'a encore obtenu dans le monde moderne la
possibilité de donner sa mesure et d'essayer

librement ses facultés. Elle réclame la première
les soins du saint-simonisme régénéré par la
religion.

La femme offre en même temps à l'Église
nouvelle un incomparable appui : celui de sa
naturelle douceur. Le saint-simonisme veut l'affranchissement des exploités : mais sans bouleversements, sans violences, sans batailles.
C'est toujours son premier article de foi : il
vient apporter la paix au monde. Contre l'émeute,
si fréquente à cette époque, il élève une protestation inlassable : le pavé des barricades lui est
aussi odieux que la baïonnette des Suisses. Son
ambition est d'être avant tout une puissance de
conciliation : par la seule force de la persua-
sion il entend renouveler le monde. Comment
dès lors n'invoquerait-il pas le secours de la
femme? Si tant de brutalités persistent, c'est
la preuve qu'on n'a pas fait appel assez tôt à son
lénifiant ministère.

Vidal le déclare aux jurés de Montpellier :
« Ce n'est que par la douce influence des
femmes que peut s'opérer pacifiquement l'affranchissement du peuple. » Elles seules, di-

sait Enfantin dès 1831 dans son Ve Enseignement, pourra apporter l'apaisement à « ce
monde de faillites et d'émeutes, de jeu et de
fraude, de misère et de débauche, de suicide
et de meurtres. » En 1837, à la Cour d'assises,
dans les paroles rythmées qu'il adressait aux
jurés il reprenait le même thème :

> Oui, je vous le dis encore,
> Dieu ne vous enverra
> La Paix, l'Ordre et la Liberté
> Que vous cherchez en vain parmi vous,
> Hommes,
> Que par les femmes.

Et Barrault, dont le lyrisme est exaspéré par
le ciel d'Orient s'écrie : « O mère, ange que
Dieu envoie au monde, c'est dans ta blanche
main que reposera, glorieux et paisible, le globe
qu'essaya d'enserrer la main sanglante des Cé-
sars. »

On reconnaît dans cette dernière formule
une antithèse qui fut dès le début et qui resta
jusqu'au bout chère au saint-simonisme, la
même qui servira de centre à la sociologie de
Spencer : l'antithèse entre l'ordre militaire

et l'ordre pacifique. Le progrès de l'humanité
est un passage de celui-ci à celui-là. *L'Exposition de la doctrine saint-simonienne* développe
cette idée de toutes les façons. L'association
humaine devient chaque jour plus large : la
guerre recule, emportant avec elle mœurs bar-
bares et pratiques dominatrices, tout l'appareil
de force qu'elle a si longtemps imposé au
monde. On est bien loin, pensent les saint-simoniens, d'avoir tiré encore toutes les conséquences de ce changement d'axe. L'une des
plus précieuses à leurs yeux est précisément
qu'il permet aux femmes de passer au premier
plan. Leur cause est liée à celle de la paix. Leur
intervention vient comme achever un mouvement de l'histoire : la logique de l'évolution
conspire avec leur cœur. Un jeune poète-ou-
vrier, à qui les saint-simoniens votèrent une
écharpe d'honneur, Mercier, exprimait en ces
vers la mission de la femme.

> Retiens les bonds de ton coursier fougueux,
> Noble soldat, et redresse ta lance,
> Cessez vos cris, vos transports belliqueux :
> Libre, en vos rangs une femme s'avance.

Sa voix en travailleurs changeant vos bataillons,
Elle saura bientôt calmer toutes les haines,
    Et dans nos vastes plaines
Le fer de nos mousquets creusera des sillons,

Refrain

Parmi nous, femme douce et chère,
    Viens pacifier l'univers,
A ses enfants viens donner une mère,
Vois, nos bras et nos cœurs te sont toujours ouverts.

Ainsi le féminisme des saint-simoniens se lie
étroitement à leur pacifisme. Et le sentiment
d'espoir que la femme leur inspire est exalté et
magnifié par leur foi dans la paix, dont elle
est la prêtresse désignée. Par la religion que
son cœur doit alimenter, elle ne fait rien moins
qu'accomplir la loi préfixée par la philosophie
de l'École.

Un sentiment qui pouvait se rattacher à tant
de principes familiers devait acquérir une soli-
dité particulière, et résister à toutes les objections. De fait les nouveaux croyants, chevaliers
de la Femme, supportent avec impatience les
avertissements même des plus bienveillants de
leurs frères.

Ils n'aiment pas qu'on leur rappelle qu'il y
a d'autres questions, ni qu'on leur suggère
d'autres solutions. Cappella, Toussaint trouvent
que l'on dévie, ou que l'on piétine. N'avait-on
pas annoncé qu'on allait non pas seulement
fonder le « parti des travailleurs », mais chercher, par l'industrie réorganisée, à améliorer
leur sort? Or, le choléra les moissonne. Leur
misère empire. Et l'on ne fait rien, que des
hymnes à la femme. « L'élément industriel se
meurt dans la doctrine. » « Faudra-t-il donc,
disait de son côté Ollivier, vivre de rêves tant
que la femme ne sera pas là ? »

A quoi Enfantin répond à sa manière : *Oculos
habent et non videbunt.* Comment ne voyez-vous
pas le prestige et la force d'attraction supérieure
que gagnera la doctrine lorsque les femmes
s'en mêleront ? Comment ne comprenez-vous
pas que sans leur main délicate les blessures
mêmes qui vous attristent et vous ép uvantent
le plus, celles du corps ouvrier, ne sauraient se
fermer? Michel Chevalier de son côté a averti
Béranger qu'il ne faut pas songer à obtenir ni
à l'extérieur une paix digne de ce nom, ni à

l'intérieur une loi sur les céréales qui en vaille la peine tant que les femmes ne se seront pas mis en tête de « faire quelque chose pour le peuple ».

« Rien de grand en politique ne se fera sans elles. Aucune grande amélioration ne sera opérée sans elles. Aucune grande expédition n'aura plus lieu sans qu'elles l'aient voulue et qu'elles y prennent part. »

Ainsi l'idée féministe envahit en quelque sorte toute la conscience des nouveaux croyants. Ils s'acheminent vers cette conviction impérieuse : toutes les erreurs de la civilisation tiennent à ce fait que l'homme a oublié les droits et les pouvoirs de la femme. Tant qu'elle ne sera pas solennellement réhabilitée, définitivement affranchie, point de salut, pour personne, à espérer.

.·.

Mais comment entendre cette réhabilitation, cet affranchissement ? Sur quels points, pour le rendre possible, faut-il rectifier les institutions ou les mœurs ? C'est ici que le nouveau

Pape s'embarrasse, et que les plus graves difficultés attendent son Église.

Le véritable individu social doit être un couple. On prétait cette formule à Saint-Simon, On la retrouvait chez Fourier. Elle fut, dit-on, le point de départ de la réflexion des saint-simoniens sur la situation faite aux femmes. Mais il est à noter qu'elle ouvre plus d'une perspective : les points d'arrivée peuvent être très éloignés l'un de l'autre. En fait, Auguste Comte aurait accepté cette thèse, Proudhon aussi, tout au moins lorsqu'il reprend l'idée de l'Androgyne et y voit le nécessaire organe de la justice. Ni l'un ni l'autre pourtant ne songent à affranchir la femme. Et ils demeurent bien plus près de Bonald que d'Enfantin.

Ajoutons que le saint-simonisme religieux se présente initialement comme une restauration du sentiment de la hiérarchie. Fidèle sur ce point aux répugnances de Saint-Simon lui-même, anti-égalitaires en même temps qu'anti-révolutionnaires, il veut des supérieurs qui classent, des inférieurs qui obéissent. On aurait donc pu attendre assez logiquement du saint-simo-

nisme une théorie du couple qui fût elle-même
une théorie hiérarchique ; elle aurait rappelé à
la femme que l'unité de l'individu social implique la subordination d'un de ses éléments à
l'autre ; elle lui aurait offert des raisons nouvelles de s'incliner devant les antiques devoirs.

La pensée saint-simonienne ne prit pas cette
route. *Croyants à l'égalité de l'homme et de la
femme*, ce fut un des titres choisis après 1833,
nous le rappelions, par certains adeptes de
l'école. Mais, dès avant 1830, c'est bien l'égalité
que le révélateur promet à la femme. L'Égalité
et la Liberté : sentiments révolutionnaires,
principes individualistes, legs du dix-huitième
siècle, qui viennent s'encastrer, dirait-on, dans
le vocabulaire hiérarchique des saint-simoniens,
comme des fragments de lave dans le mur
d'une église.

Que la femme soit traitée en égale et que sa
liberté essentielle soit respectée, conditions
inéluctables en effet, pense Enfantin, pour que
cesse enfin l'exploitation brutale et sournoise
dont elle est victime. Mais voici le point où il
se sépare des tendances individualistes : il ne

voit d'émancipation possible de la femme que
dans et par le couple. C'est sur la régénération
de l'unité domestique qu'il concentre tout son
effort : d'une réforme du mariage il attend
la restauration des droits comme l'accroissement des pouvoirs de la femme.

De cette réforme du mariage on a dit qu'elle
tendait à sa dissolution systématique : la pro-
miscuité était au bout. Enfantin avait le droit
de protester contre cette déformation de sa pensée. Si au couple-prêtre il réservait en effet,
sous des formes qu'il restait d'ailleurs à déterminer, des privilèges ou des charges assez
équivoques, ce qu'il réclamait pour le commerce des hommes et des femmes, c'était
tout simplement la liberté du divorce. Il reste
vrai qu'il justifiait cette requête par une argu-
mentation tranquillement audacieuse où se
mêlaient de la plus curieuse façon principes
fouriéristes et principes saint-simoniens, vivi-
fiés les uns et les autres par ces leçons de la
vie qu'Enfantin ne pouvait manquer de collec-
tionner : le révélateur s'aidait chez lui des expériences du prêtre-confesseur.

Pour marquer ce que le rêve d'Enfantin doit
à l'inspiration fouriériste, il ne suffit pas de
rappeler que pour Fourier la libération de la
femme est la mesure même du progrès.

Il faut creuser plus avant dans la doctrine.
Il faut remonter jusqu'à l'optimisme qui
fonde, chez l'inventeur « harmonien », l'apologie des passions. Optimisme amoral, comme on
dirait aujourd'hui, et même directement hos-
tile à ce que Fourier appelait déjà le « mora-
lisme » : il déclare la contrainte odieuse parce
qu'inutile. Fourier distingue bien des variétés
de passions. Il refuse d'en condamner aucune.
Les assouvir en les employant toutes, c'est sa
prétention. Toutes ont leur place marquée
dans la maison du Seigneur — pour peu qu'elle
soit seulement rebâtie selon le plan fouriériste. Ne retrouve-t-on pas des traces de ce
même esprit dans la théorie des diverses « natures » qu'élabore Enfantin ? Il y a selon lui
des natures faites pour la constance. D'autres
ont besoin de variété. Celles-là, aptes aux affections profondes et durables, sont les « immobiles ». Aux autres les impressions vives,

mais passagères : ce sont les « mobiles ». Celles-ci ne méritent-elles pas comme celles-là
que l'on tienne compte de leurs tendances ?
Faut-il continuer de faire peser sur elles une
contrainte trop lourde ? Vous ne condamnez
plus la jeune veuve à un veuvage éternel ; con-
damnerez-vous la mal mariée à un mariage
plus triste que le veuvage ?

Ainsi, comme Fourier plaidait naguère pour
ceux qu'il disait atteints de la « papillonne », Enfantin plaide pour les inconstants. Et comme
Fourier demandait plus de variété dans le travail, Enfantin réclame plus de liberté dans
l'amour. Laissons du moins les « mobiles »
aller à des unions nouvelles, — pour peu seulement que ces unions les élèvent en effet à
un niveau de vie supérieur et soient bien, comme
on disait dans le langage de l'École, des unions
« progressives ».

Dans ces convictions, peut-être suggérées par
des influences fouriéristes, telles expériences
que pouvait accumuler Enfantin, consolateur
et confesseur, contribuaient sans doute à le
confirmer. L'une des premières femmes qu'il

eut à réconforter était justement l'une de ces natures vives, primesautières, attirantes, piquantes que l'on voit mal murées dans la tristesse des souvenirs. Quand son mari mourut, happé par une machine dans sa fabrique, Élisa Vandermag pensa mourir aussi. Mais une vie ardente était en elle, et émanait d'elle, qu'elle ne pouvait longtemps comprimer. Cette jolie jeune veuve que l'on sentait consolable continuait comme malgré elle à faire des conquêtes. Ne faillit-elle pas faire perdre la tête au prédicateur Duveyrier ? Lorsque Enfantin plaide pour les natures vives et mobiles, il n'est pas douteux que la touchante et troublante image d'Élisa passe et repasse devant ses yeux de fascinateur fasciné.

Pitié bientôt généralisée d'ailleurs, elle ne tarde pas à s'étendre sur toutes les incomprises, sur les déchues, sur les révoltées. Avec une préférence hardie le nouveau sauveur se penche sur les abîmes où gémissent tant de malheureuses. La réprobation dont on les accable constitue-t-elle ou un obstacle à leur chute ou un remède à leurs maux ? Ni l'un ni

l'autre. En face de ces situations qu'il est lâche
de voiler, force est donc de prendre une attitude nouvelle. Lorsque Claire Bazard apprit que
Jules Lechevalier, l'un des apôtres, se proposait
d'épouser une actrice, elle protesta au nom
des honnêtes femmes outragées, elle signala
le danger d'ouvrir la nouvelle Église à des femmes de mœurs trop libres. Mais Enfantin,
précisément, n'entendait plus souffrir qu'elles
fussent mises au ban. Leurs manières d'être
mêmes avaient à ses yeux l'avantage de poser
des problèmes que les sociétés civilisées devaient avoir à cœur de résoudre. Il déclarera
plus tard, dans une séance solennelle, en rece-
vant Julie Fanfernaut : « Oui, nous avons besoin de femmes qui sortent des habitudes or-
dinaires de la vie féminine imposée par la loi
chrétienne ». Il rend grâce aux hors-la-loi de
remettre sous les yeux du monde la nécessité
de changer la loi. Il se fait l'avocat de celles
qui restent « païennes », comme pour nous
forcer au plus difficile, au plus salutaire des
examens de conscience. Il défend lui aussi,
lui d'abord, qu'on insulte la femme qui tombe :

combien de fois d'accusée ne pourrait-elle s'ériger en accusatrice ?

Avant que Proudhon ne lance son fameux hymne à Satan, il entonne une sorte de *gloria* aux « Anges rebelles ».

« En présence de ces femmes, unies par leurs douleurs et par les désordres que leur révolte enfante, frappé de la puissance prodigieuse qui est étouffée et torturée de mille manières dans ces êtres réprouvés par l'Église, anges rebelles qu'elle a en vain foudroyés depuis dix-huit siècles, filles de Satan qu'elle a crucifiées dans leur esprit, ne pouvant les crucifier dans leur chair, démons qu'elle a méprisés, avilis, damnés », il sent, il veut que tout le monde sente la nécessité d'une revision des valeurs. Si l'on est enfin décidé à chasser du monde les deux brebis tarées, la prostitution et l'adultère, il faut qu'une loi plus souple laisse du champ aux passions qui, chaque jour, sournoisement, les ramènent au milieu de nous. Si l'on veut cesser de vivre dans une hypocrisie qui est la pire des conceptions, il faut cesser de réprouver ce qu'on ne peut réprimer : il faut faire la part du feu, il faut mener jusqu'au bout la réhabilitation de la matière.

Réhabilitation de la matière : Enfantin retrouvait ainsi, pour justifier les aspirations que lui suggérait le spectacle du monde, une vieille formule saint-simonienne. Mais il y insinuait un contenu nouveau. Du moins faisait-il passer au premier plan des éléments jusquelà laissés dans l'ombre. La réhabilitation de la matière n'est d'abord autre chose, pour les saint-simoniens, que la réhabilitation du travail. Fidèles en cela encore aux vœux des Encyclopédistes, ils ne veulent plus que soient méprisés, maintenus dans l'ombre, renvoyés au bas de l'échelle, ceux qui manient la matière et dont l'industrie fabrique les mille produits nécessaires à l'humanité civilisée. Relève la tête, producteur ; réclame ta juste part d'honneur et de pouvoir : c'est le premier sens de la formule.

Sur cette première interprétation une interprétation voisine se greffe aisément. On entend réhabiliter non pas seulement le travail, mais les besoins auxquels il satisfait. Et si

certaines classes, celles précisément qui fournissent à l'œuvre de production leurs énergies
actives, voient mal satisfaits leurs besoins vi-
taux, on proclame qu'elles ne doivent pas avoir
honte de revendiquer, front levé et mains ten-
dues, un peu plus de bien-être. « Le bonheur
— entendez le bonheur du peuple — est une
idée neuve en Europe », disait Saint-Just. Plus
consciencieusement que personne les saint-simoniens ont prôné cette idée. Leur lyrisme
d'ingénieurs-apôtres répudie l'ascétisme, célèbre le progrès de l'industrie non pas seulement pour la puissance qu'elle donne à une
élite sur les choses, mais pour le bien-être
qu'elle met, qu'elle doit mettre à la portée de
la masse. « Il faut, s'écriera Duveyrier, que le
peuple respire à l'aise, qu'il se chauffe, qu'il
se rafraîchisse, selon que le ciel est de glace
ou d'airain ; il faut qu'il soit fier de son repas,
de son vêtement ; il faut qu'il danse, qu'il
chante, que les délices des arts n'aient point
pour lui de mystères, afin que les traits de
son visage soient toujours épanouis ». Ailleurs
il demande à Dieu, pour le peuple, « une vie

d'ouvrier-géant, rayonnant la gloire et le plai
sir ».

Par cette pente Enfantin était naturellement
conduit à la réhabilitation des sens eux-mêmes.
Le problème qu'on s'était posé d'abord pour la
vie économique, il se le pose pour la vie conjugale. Et il demande tout simplement, avec
une simplicité intransigeante, que l'on trans-
pose dans l'ordre des relations entre sexes les
solutions à la fois organisatrices et libératrices
rêvées pour le travail. En amour il importe de
faire disparaître non pas seulement les exploi-
tations injustes, mais les contraintes inutiles.
Mais le peut-on si l'on continue à ne pas avouer
ce qui crève les yeux ? si l'on continue à jeter
sur les protestations de la nature un voile
d'hypocrisie ? si l'on ne relève pas enfin la
chair de l'anathème dont la tradition chrétienne l'a si longtemps couverte ?

« Guerre à la tradition chrétienne », allait-ce
donc être le mot d'ordre de ces chevaliers
de la femme, héritiers enhardis de l'auteur du
Nouveau Christianisme ? Oui et non. Ils com-
battront le christianisme, mais en saint-simo-

niens, toujours prêts à emprunter quelque
chose à leurs adversaires mêmes, et à leur
dire merci en leur donnant congé. La philosophie de l'histoire familière à l'École opère ici
son miracle accoutumé : ceux qui ont choisi
cette colonne de lumière pour guide sont à
jamais empêchés de reprendre envers les traditions qui firent la grandeur du moyen âge, l'attitude toute critique et négative des iconoclas-
tes du dix-huitième siècle. Réaction nécessaire
contre les excès du naturalisme païen, le christianisme n'a pas eu tort, pensent-ils, d'exalter avant
tout l'esprit. Son spiritualisme a même con-
couru à rehausser infiniment le prestige de la
Femme. Une femme élue, mère du Christ, demeure la plus compatissante des intermédiaires
entre Dieu et les hommes. Nulle religion plus
que le christianisme n'a glorifié la femme. Mais
en même temps qu'il la glorifie il l'humilie. Il
l'écarte de la fonction sacerdotale. Il la confine
dans une vie diminuée. Il paraît croire que si
on lui laissait quelque liberté, par ses charmes
et ses caprices, Satan aidant, la chair redevien-
drait tyrannique. C'est dire que la religion

chrétienne en est restée à la conception « dua-
liste » du monde. Elle voit partout des antithèses fatales. Quant aux synthèses possibles,
elle ne les aperçoit pas. Au saint-simonisme
revient précisément cette mission, la plus
sainte, parce que la plus humaine de toutes :
faire cesser le duel séculaire. L'heure des réconciliations fécondes a enfin sonné entre l'esprit de l'antiquité et celui du moyen âge. Cha-
cune des deux thèses opposées a été poussée à
l'extrême et s'est réfutée par l'absurde : il est
temps de conclure en harmonisant. On re-
tiendra l'hommage rendu à l'esprit par le
christianisme; mais on relèvera la chair de
l'excommunication lancée contre elle.

Dès 1830, écrivant au correspondant anglais
d'Eugène Rodrigue, Enfantin se trace cet ambitieux programme : « Il faut être à cheval sur
les deux rameaux du tronc universel ; il faut
remonter les deux fleuves vers leurs sources
communes. »

Prendre des deux mains, réconcilier, syn-
thétiser, telle est bien l'ambition caractéristique de ces révélateurs-historiens, promulguant

leur loi nouvelle du haut d'une théorie de
l'évolution sociale. Et c'est cette même ambition qui amène Enfantin à son rêve suprême,
inquiétant chef-d'œuvre d'une exaltation sen-
timentale servie par une inexorable logique.
Nous voulons parler des privilèges du couple-
prêtre. Loi vivante, idéal incarné, ne faut-il
pas qu'il assemble en lui toutes les perfections
imaginées par les hommes, et que sa nature
soit comme le commun foyer des natures diver-
gentes ? Dès lors de quel droit rangerait-on le
prêtre ou la prêtresse parmi les *immobiles* plutôt que parmi les *mobiles* ? Il importe qu'ils
participent aux deux natures. Ils devront réconcilier, en langage platonicien, l'unité et la
variété, le repos et le mouvement. C'est dire
que sans cesser d'être unis, chacun des deux
conjoints du couple sacerdotal pourra agir,
non seulement par l'esprit mais par les sens,
sur tel de ses inférieurs qu'il aurait besoin ou
de surexciter ou de calmer. Liberté hors-cadre
indispensable au couple-prêtre pour qu'il
puisse représenter le révélateur complet et
remplir jusqu'au bout son office social.

Après toute cette philosophie mi-fouriériste,
mi-platonicienne, et hégélienne aussi, voilà au
bord de quels abîmes son désir de synthèse
conduisait Enfantin ! Ses collaborateurs effarés
avaient-ils si grand tort de déclarer qu'il ne
tendait à rien moins qu'à réhabiliter le droit du
seigneur, et qu'en effet, par de telles fantaisies,
le lien familial était décidément compromis ?

Il faut dire qu'Enfantin lui-même sent le
danger. Arrivé au bord de l'abîme il recule. Il
ne veut plus regarder. Il ne veut rien préciser.
A dessein il demeure dans le provisoire et
dans le vague. Pour formuler la loi définitive
des relations entre les sexes, il prie qu'on le
supplée. Habitué à promulguer ses révélations
de haut, le voici tout à coup qui s'humilie. Il
remet ses pouvoirs de législateur. A qui ? A la
Femme elle-même. Une femme mieux qu'un
homme peut prononcer la Loi de convenance
suprême. Ce qu'a pu avoir de brutal la parole
du révélateur, immoral peut-être par souci
d'une moralité supérieure, elle l'adoucira, elle
l'adaptera aux exigences mystérieuses de la nature féminine.

L'important, c'est que pour dire les mots qui
délient et relient, la femme soit libre en effet,
et, que les hommes, respectueux, soient prêts
à « l'écouter en fermant les yeux ».

Cet appel à la femme, ce fut la plus belle invention d'Enfantin; ce fut du moins — si l'on
veut écarter ici tout soupçon de machiavélisme,
— la plus belle trouvaille de son instinct de
chef de secte. Il ne se tire pas seulement d'em-
barras en ajournant les solutions précises. En
remettant à la première intéressée le soin de
préciser, il se donne, au bon moment,
l'avantageuse apparence d'une délicatesse suprême. Enfin et surtout il crée, dans le petit
groupe qui lui garde confiance, un état d'attente et d'espérance inquiètes, sorte d'hyp-
nose collective tout à fait propice à l'exaltation
religieuse.

On comprend qu'Enfantin ait insisté sur ce
thème.

Trouvaille inattendue, en somme. Les saint-
- simoniens appartiennent plutôt, en règle générale, à la race des systématiques autoritaires.
Ils ne sont pas ordinairement si respectueux de

BOUGLÉ.   6

la liberté des gens qu'ils prétendent sauver.
Lorsqu'ils décident de fonder le parti des travailleurs, et donnent le pas dans leurs préoccupations à la question ouvrière, ils ne cessent
pas pour autant d'édicter des plans, auxquels
devront se plier leurs frères ouvriers. Conscients de leur capacité intellectuelle, ils con-
sidèrent que leur premier devoir est d'ordonner, c'est-à-dire à la fois de combiner et de
commander. De nos jours nous avons assisté à
l'effort d'une école à la fois bergsonienne et
syndicaliste qui, s'appuyant à une philosophie
de l'intuition et de l'action, posait comme premier principe qu'il fallait avant tout respecter
la spontanéité ouvrière et attendre avec une
discrétion méthodique les règles que sa vie
même, efforts professionnels et élans révolutionnaires mêlés, ne manquerait pas de lui
suggérer. Tactique dont on a pu dire qu'elle
nous menait précisément aux antipodes du
système saint-simonien. On négligeait seulement d'ajouter que cette même attitude, qu'il
n'avait pas su prendre vis-à-vis de la classe ouvrière, le saint-simonisme la prend vis-à-vis du

sexe féminin. Devant la femme il dépouille son orgueil scientifique et déclare attendre l'oracle d'une spontanéité législatrice.

L'attente, ce fut le titre d'une ardente prière que composa Enfantin au lendemain de sa condamnation.

« Grand Dieu ! j'ai fait ta volonté, j'attends ta nouvelle parole... J'attends, et la douce voix que tu m'as promise se tait ! Que ce silence est lourd à mon âme ! Et pourtant je te rends grâces, ô mon Dieu ! J'avais besoin de te sentir muet en moi pour avoir foi en elle autant qu'en moi-même; j'avais besoin de te chercher...

Attendre ! Attendre ! Que fait-elle à cette heure ! Depuis si longtemps que je l'aime ! Dis-moi, mon Dieu, dis-moi si déjà elle m'aime aussi...

Et ces enfants que ta bonté m'a donnés, Père ! c'est pour eux surtout que je te prie...

Ils souffrent, ô mon Dieu ! Ils souffrent car parmi les hommes tu les as choisis hommes de désir et d'amour ; ils souffrent, car les apôtres de l'affranchissement de tes filles ne peuvent

vivre longtemps privés de la moitié de leur
vie... »

Les apôtres vivent en effet dans l'énervement.
Ils se demandent les uns aux autres : « Ne
vois-tu rien venir ? » Ils scrutent l'horizon. Ils
notent les signes. Les audacieuses entreprises
de la duchesse de Berry en France, de Marie-
Christine en Espagne — sans compter la mort
de Napoléon II et le retour d'une comète —
n'annoncent-elles pas que l'année 1833 doit être
l'année de la *Mère ?* Elle paraîtra. Et non seulement, prophétisait Michel au fond de sa prison, chacun de nous trouvera dans son cortège
« celle qui de sa vie complétera la sienne »,
mais encore l'univers réconcilié avec lui-même
connaîtra de magnifiques journées « de gloire
et de bonheur, de richesse et de poésie ». La
hiérarchie ne sera plus lourde ; la grâce de la
femme ne rend-elle pas l'autorité séduisante ?
Les luttes ne seront plus brutales ; la douceur
de la femme n'impose-t-elle pas l'humanité à
l'homme ?

Ainsi les nouveaux croyants en viennent à
attendre de la femme de véritables miracles.

L'âge d'or est devant nous, avait dit Saint-Simon. La femme en tient la clef, pensent les
saint-simoniens. Ils lui remettent le soin
d'aplanir, d'un geste de sa main blanche,
toutes les difficultés où ils se sont heurtés,
comme celui de panser toutes les plaies dont
ils sont meurtris. Ils n'ont pas réussi à conver-
tir le monde bourgeois. Ils ne réussissent
guère à sauver le monde ouvrier. Poursuivis
par la justice, caricaturés par les journaux,
hués par les foules dans les rues, et au total —
c'est le plus dur — ignorés du plus grand
nombre, leurs déceptions accumulées alimen-
tent les ardentes invocations qu'ils ne cessent
d'adresser à la femme.

Mais bientôt l'attente passive ne leur suffit.
plus. Ils veulent aller au-devant de la Libératrice. Il leur faut l'action, ou tout au moins le
mouvement. Il faut à leur secte persécutée
l'exutoire des migrations. Sur Paris qui les
méconnaît ils ont secoué la poussière de leurs
souliers : ils ont « cassé » la ville de plaisir au
profit de Lyon, ville de travail. Lyon est trop
près encore, et trop connu. Ce n'est pas en

France, ce n'est pas en Occident que la Femme
Messie se révèlera. Elle se cache sans doute
en des régions plus lointaines, plus mystérieuses. Vers l'Orient ! le mot d'ordre éclate
dans la bouche de Barrault inspiré. L'Orient,
berceau des religions, l'Orient terre du rêve,
l'Orient patrie regrettée de tous les romantiques, où l'exubérance de la nature exaspère
les sensibilités : la femme y est plus humiliée
qu'ailleurs ? raison de plus pour qu'elle s'y révèle, et sous ce ciel de feu proclame la loi
nouvelle. « C'est là, disait Hoart, que beaucoup,
dont la nature est aventureuse et bouillante,
trouveront leurs épouses. » C'est là aussi que
sera scellée définitivement la libération du
monde entier, la réconciliation de la chair et
de l'esprit.

Une petite troupe prit la mer à Marseille,
débarqua à Constantinople, où Barrault avait
déduit que la Femme devait se révéler — et
salua respectueusement toutes les filles d'Orient
qu'elle put rencontrer.

Le grand Seigneur ne tarda pas à prendre
ombrage de ces fous qui faisaient du scan-

dale. Il les envoya prophétiser à fond de cale
et les fit débarquer à Smyrne. Le « voyage
messiaque » finit dans le marasme. Une partie
des apôtres alla rejoindre en Égypte Enfantin
libéré. Il leur rendit courage, s'efforçant de les
détourner doucement de l'espérance obsédante
que lui-même leur avait suggérée, et que la
Femme n'exauçait point. L'industrie n'était-elle
pas en elle-même, après tout, le meilleur appel
à la Femme? « Le globe, voilà notre fiancée,
notre mère pour le moment. Embrassons, ca-
ressons la terre. » En termes moins lyriques
reprenons pelle et pioche en main. Dressons
le barrage du Nil. Préparons l'isthme de Suez.
Déçus par la Femme les apôtres vont redevenir
ingénieurs.

.•.

La crise de mysticisme féministe que le saint-
simonisme traversa fut par bien des côtés tragique. Elle fit plus d'une victime. Enfantées
dans la douleur, les audacieuses théories enfan-
tèrent de la douleur à leur tour.

On a plus d'une fois rappelé l'extraordinaire

spectacle que donna la famille saint-simonienne
bouleversée et bientôt déchirée par les révélations du Père. Après les longs et violents débats des deux Papes, Enfantin et Bazard, arpentant jour et nuit la bibliothèque de la rue
Monsigny — « deux mondes aux prises », disait Raynaud — quand le collège eut à faire
œuvre de concile et à prendre parti sur l'évangile enfantinien, l'exaltation collective fut à
son comble : confessions publiques, délires
prophétiques, extases, catalepsies, rien ne
manque à ces scènes, dignes des anabaptistes,
remarquait Louis Blanc, documents précieux
pour quiconque étudie la psychologie des
sectes (1).

« Nous avons été une fournaise, écrivait
Duveyrier, et dans ce brasier, nouveau buisson
ardent d'où la voix mâle de l'homme devait
cette fois faire appel à la femme, combien de
passions mauvaises se sont tordues ! que de
soupirs, de pleurs, de rudes angoisses ! que

1. *Œuvres*, IV, 139, Cazeaux, quand ce fut son tour de parler,
se leva, et, dans l'attitude d'un homme qui semblait dormir
debout, étendit la main vers les Pères, et articula lente-
ment ce qu'il disait apercevoir en eux.

de jours sans repos! de nuits sans sommeil!»

Celles qu'on voulait libérer ne furent pas, cela va de soi, les dernières à souffrir. Directement ou indirectement, beaucoup de femmes furent atteintes au cœur par le geste d'Enfantin : beaucoup, dans la suite, eurent à pleurer des larmes de sang. Dès les premiers temps de la prédication les femmes étaient venues nombreuses au saint-simonisme : attirées, elles, non seulement par l'éloquence des orateurs, mais par cette atmosphère de religiosité, qui écartait de prime abord beaucoup d'auditeurs. Lorsque le Degré des ouvriers fut constitué, beaucoup d'ouvrières — repasseuses, tresseuses, brunisseuses, matelassières — prirent rang parmi les catéchumènes. Et l'on trouva, pour servir de « directrices » aux douze arrondissements, des femmes très distinguées, qui prirent tout à fait au sérieux — rapports et professions de foi en témoignent — leur apostolat. Claire Bazard partageait avec Fournel l'honneur de diriger le Degré. Avec elle, Cécile Fournel et Aglaé Saint-Hilaire furent admises à faire partie du collège. L'Église saint-simonienne eut donc ses « sœurs »,

devant qui le débat fut porté. De la crise morale
déchaînée par le rêve d'Enfantin, des femmes
furent témoins, et bientôt victimes.

La première à saluer est celle qui resta jusqu'au bout dans l'ombre et ne connut le saint-
simonisme que par Enfantin ; l'amie fidèle qui
lui donna un fils, et à qui il refusa de donner
son nom, Adèle Morlâne. Six cents de ses lettres sont conservées aux Archives de l'Arsenal.
Et on y peut suivre longtemps l'effort désespéré de l'amante qui, mère, veut se faire épouser :
un cri de colère parfois, puis une résignation
feinte, une patience adroite, la force de sou-
rire à travers les larmes. Rien ne put fléchir
Enfantin. Ne fallait-il pas que le prêtre illu-
miné attendît la Femme révélatrice, qui devait occuper le fauteuil laissé vide à côté de
lui sur les estrades ? Même lorsque cette espérance s'éteignit au cœur des croyants, Enfantin
se refusa à un mariage selon la loi chrétienne.
C'eût été se renier, pensait-il. On l'a loué de
cette dure fidélité à ses principes. Il faut dire
qu'avant même de les poser il refusait avec
énergie de s'embarrasser d'Adèle. Dès 1827, sur

le papier d'une lettre où elle laisse entrevoir
ce qu'elle rêve pour l'avenir il brosse ainsi son
propre portrait : « Tu me dis que tu es pour
moi tout ce que j'ai désiré que tu fusses. Il me
semble que non. Je suis très entêté, ce qui est
à peu près la même chose que entier ou des-
pote. Moins on s'abandonne à moi, moins je me
livre moi-même. En un mot, *je veux être adoré.* »
Quel éclair ce dernier aveu ne projette-t-il pas
sur la psychologie d'un prophète qui fut peut-
être un trop bel homme, et trop conscient
de sa puissance fascinatrice ! Lorsque quelques
années plus tard, les idées d'Enfantin sur la
femme et sa mission prirent corps, Adèle
Morlane — sa « pauvre pleureuse », comme
elle disait, — put se consoler en songeant
qu'un dogme supérieur, non un caprice personnel, exigeait son humiliation continuée, et que
son chagrin refoulé préparait les voies d'une
loi nouvelle.

Pour que la hardiesse de cette loi échappât
aux interprétations malicieuses, et que les nouveaux Apôtres ne fussent pas soupçonnés de
ne chercher qu'un paravent pour leurs propres

passions, le révélateur, lorsqu'il organisa la Re-
traite à Ménilmontant, leur commanda le célibat. Ainsi des ménages unis durent se séparer,
et d'autres sources de larmes furent ouvertes.
Cécile Fournel, la « timide Cécile », pensa mourir. Après la prise d'habits de son Polyeucte,
la Pauline saint-simonienne veut d'abord s'ex-
patrier ; puis elle revient rôder autour du couvent nouveau : « Comment, écrivait-elle à Enfantin, ai-je pu porter l'oubli de ce que je me
devais à moi-même jusqu'à venir chercher mon
exil ici, près du lieu où il se renfermait, sans
autre espoir que de respirer le même air que
lui ? Pourquoi ? C'est que je n'ai pu soutenir
la vue de sa douleur. C'est que je l'aime... » Et
cette douce plainte s'élève qui tourne en terrible réquisitoire : » Ah ! je vous en conjure,
songez de quelles affections ce pauvre ami
était entouré ! Notre amour était bien un amour
d'avenir et cependant vous nous avez séparés,
comme ceux qui souffraient d'être ensemble ;
vous avez rompu notre union, la plus tendre,
la plus complète que j'aie connue. Il le fallait,
dit-on ! Je ne murmure point : Je voulais seu-

lement vous prier de l'aimer assez pour qu'il
ne souffrît pas, pour qu'il pût retrouver dans
votre amour de père la compensation de celui
que mon cœur de femme lui conserve sans que
sa vie puisse en être embellie, sans que chaque
heure qui s'écoule vienne la lui révéler comme
dans le passé... »

D'autres ruines encore se laissent apercevoir : le petit monde saint-simonien connut
par expérience adultères, divorces, suicides
même. Claire Bazard, que M. Weill appelle
la véritable reine du saint-simonisme, dont
Suzanne Voilquin nous dit l'éloquence facile et
l'autorité un peu sèche, elle qui se scandalisait à
l'idée que Lechevalier pourrait épouser une
actrice et eut un sursaut de dégoût la première fois qu'Enfantin, dans une promenade
aux Tuileries, laissa transparaître ses théories,
Claire Bazard elle-même fut détournée de ses
devoirs par un certain Marguerin, qui revint

1. « Tu pleures seule? écrira Enfantin à Thérèse Flachat.
Sais-tu qui nous donne cette prodigieuse cruauté ? C'est
celui qui veut que la femme et le prolétaire soient affran-
chis — par nous. »

plus tard au catholicisme et donna par ailleurs beaucoup de tablature à la secte. D'autres maris-apôtres, Rodrigues, Flachat, avaient éprouvé, au témoignage d'Enfantin, la même « disgrâce ». Bazard prit la sienne avec une grande dignité. Il ne voulut point se séparer de sa femme, victime, disait-il, d'une situation fausse et d'une vie anormale.

Suzanne Voilquin, elle, la « fille du peuple » qui montra tant d'énergie dans l'expédition d'Égypte, libéra son mari. Elle découvrit chez lui, sur le tard, une tendance à la mobilité. Une jeune saint-simonienne l'attirait. Suzanne voulut divorcer, pour qu'ils pussent s'épouser. Et elle exposa dans un article de la *Tribune des femmes* les raisons de son sacrifice, qu'elle offrait à la religion nouvelle.

Celle dont les malheurs eurent le plus de retentissement fut Claire Démar. Cette petite femme brune, aux traits réguliers, à l'air fin et un peu dur, au langage abondant mais heurté, ne chercha guère dans le saint-simonisme, au témoignage de Voilquin, que la licence d'aimer. Au reste la doctrine eut de la peine à la

détacher des « idées républicaines ». Le sentiment qu'elle inspira à un jeune ouvrier, Perret-
Desessarts, ne suffit pas à l'attacher à un monde
qui la méconnaissait et où elle portait, dans la
misère, « le vif sentiment d'une valeur native
sans cesse refoulée ou flétrie ». Ils se suicidè-
rent, comme plus tard une autre rédactrice de
la *Tribune des Femmes*, Marie-Reine Flichi, pas-
sée au fouriérisme et qui ne voulut point céder
à son amour pour un des propagandistes de
la doctrine phalanstérienne, comme aussi plu-
sieurs ouvriers-poètes, Jules Mercier, Chanu,
Charles Gille à qui Vinçard, dans ses *Mémoires
épisodiques d'un vieux chansonnier saint-simonien*, donne un souvenir mélancolique.

Aux uns comme aux autres, aux prolétaires
exaltés comme aux femmes affranchies, le tour-
billon saint-simonien contribuait donc à tourner la tête. Beaucoup perdirent décidément
l'équilibre. Lorsqu'en 1853, dans l'*Almanach
des femmes*, Marie (Marie Talon sans doute)
écrit un article sur l'École saint-simonienne,
elle ne manque pas de noter que la thèse d'Enfantin ne fut pas seulement mal comprise au

dehors ; elle entraîna, au sein même de la famille, plus d'une « erreur » de femme, cause « de pleurs amers et d'horribles souffrances ».

« Telle souffrait de ses liens, qui se crut le droit de les briser; telle comprimait une passion, qui cessa de se contenir; telle autre crut à la moralisation par l'amour, et se vit entraîner dans un précipice par celui qu'elle voulait sauver.

« Et pourtant elles s'étaient aventurées avec un saint transport dans cette carrière où toutes ont perdu la paix et le bonheur, si ce n'est la moralité et la vie. »

Alfred de Vigny pensait-il à ces anges déchus, victimes eux aussi de la pitié, quand il écrivait *Eloa* ?

Marie continue ses réflexions mélancoliques : « Placée plus d'une fois au milieu de ces êtres que Dieu a voués aux épreuves de la recherche, j'ai pu comparer les conséquences aux principes, et, je dois le dire, l'amour de l'homme et de la femme n'ont rien produit dont l'âme ait à se réjouir. »

La saint-simonienne déçue conclut, farouche,

qu'il ne peut décidément y avoir de femme libre
que dans et par le célibat, en dehors, non seulement de toute domination, mais de toute
influence d'homme : des vierges seules sauront
être des rédemptrices.

. .

Les conclusions que les femmes tirent de
cette crise, les principes qu'elles invoquent
pour justifier leur conduite, les réformes générales enfin qu'elles réclament, voilà ce qui mériterait, plus encore que leurs peines d'amour,
d'intéresser l'historien. On mesurerait ainsi ce
qu'elles ont pu léguer à la pensée féministe
d'aujourd'hui.

Beaucoup, parmi les saint-simoniennes, comprirent la nécessité de rédiger elles-mêmes
leur programme. Elles ne se contentèrent pas
d'organiser entre elles des souscriptions pour
éditer les conférences qui les avaient enthou-
siasmées. Elles voulurent avoir leur journal.

Et ce ne fut d'abord que le *Livre des actes*, où
elles se contentaient de relater et de glorifier
les faits et gestes des nouveaux apôtres. Ici en-

BOUGLÉ.   7

core elles demeurent comme agenouillées
dans l'ombre et se contentent d'adorer. Mais
bientôt parut un journal de doctrine, on pourrait presque dire — si l'expression ne déton-
nait pas, appliquée à l'École pacifiste par excellence — un journal de combat. L'amour-propre
féminin y excluait les hommes de la collaboration, comme l'amour-propre ouvrier, plus tard,
fermera le journal l'*Atelier* aux rédacteurs
bourgeois. « La Femme Libre », la Femme
nouvelle », « la Femme de l'Avenir », la Tribune des Femmes », tous ces titres successi-
vement arborés disent assez l'esprit du journal.
Aux souvenirs du saint-simonisme des formules du dix-huitième siècle reviennent se mêler:
« Nous naissons libres comme l'homme... Nous
naissons libres et égales à l'homme. » Conséquence : il est souverainement injuste et décidément intolérable que la moitié du genre humain fasse la loi à l'autre, alors surtout qu'un
sexe est si malhabile à comprendre l'autre sexe.
Que la volonté d'Enfantin soit donc obéie. Que
la femme se confesse publiquement : si longtemps inconnue de maîtres aussi orgueilleux

que brutaux, qu'elle suggère enfin elle-même
la Loi qui convient à sa nature.

Difficile entreprise et qui n'alla pas sans
heurts, on le devine à l'incertitude même de
la rédaction, à la diversité des sons de cloche
qui s'y font entendre. Nombre de ces émanci-
patrices, pour sauver plus sûrement l'honneur
engagé, eussent préféré la tactique recomman-
dée par Enfantin aux apôtres de Ménilmontant ;
elles faisaient vœu, du moins, de ne point s'éman-
ciper pour leur compte, et avant l'heure. Protestant avec indignation contre l'idée qu'on
prêtait à la secte, — l'idée du « pêle-mêle »
universel, — elles se promettaient, en attendant la Loi nouvelle, de se plier fidèlement
aux règles chrétiennes. « La femme réservée,
constante, modeste, inspire plus de confiance. »

De plus audacieuses réclamaient le droit de
passer à la pratique et de donner l'exemple
libérateur. Elles défendaient qu'on jetât la
pierre à celles qui avaient jugé bon de ne point
respecter des lois tyranniques. Gloire aux
femmes qui brisent leur nature. Mais aussi

gloire aux femmes qui suivent l'instinct de liberté. Ici encore reparaît l'esprit de conciliation, le désir de synthèse : la première ambition des rédactrices est de se placer « entre les deux camps dont l'un est tout aussi exclusif dans sa régularité que l'autre dans son désordre », et d'employer toute leur « puissance conciliatrice pour faire cesser l'antagonisme qui est entre eux. »

Les préférences marquées pour un camp ou pour l'autre n'en demeurèrent pas moins dans la petite troupe un principe de division. On prit des emblèmes distinctifs. Aux chrétiennes la couleur dahlia. Aux païennes le ruban ponceau.

Celles-ci devaient bientôt trouver une interprète passionnée dans la personne de cette même Claire Démar dont l'audace n'a guère été dépassée par les novateurs les plus récents. Déjà dans la conférence intitulée *Liberté, femmes !* éditée par les femmes lyonnaises et composée par l'ardent Justus Pol, une belle part avait été faite aux bacchantes et le droit au bonheur avait été proclamé sans ambages :

« La vie, c'est d'être heureux n'est-ce pas ! ? »
D'autre part, les correspondantes du journal
laissaient voir parfois les rêves bovaryques que
l'entreprise leur inspirait : « Femmes privilégiées, écrivait L. B., vous ne mourrez plus ac-
cablées sous le poids de l'ennui, de la satiété,
de la monotonie et de la prison ; de nouvelles
émotions vous attendent, de nouvelles amours
rendront la vie à vos cœurs blasés, de nouvelles voluptés titilleront vos fibres engourdies.
Oui, des jeunes hommes soupirent à l'écart,
qui vous tendront la main quand libres enfin
vous aurez échappé à la geôle des hommes
égoïstes et jaloux. Oh! qu'elles seront douces
et embaumées ces unions libres ! »

Claire Démar fait la théorie de ces tendances.
Elle reproche à Enfantin de s'être arrêté à
mi-route. Il distingue entre les deux natures,
la constante et l'inconstante. Mais la limite
est-elle nette ? Toutes les natures n'ont-elles
pas plus ou moins besoin de variété ? Ne faut-

---

1. « Un Dieu bon et bonne, avait dit de son côté Ginoux,
loin de torturer l'esprit et le corps de ses créateurs, les in-
vite au bonheur. »

il pas du moins leur laisser à toutes la possibilité de varier? Au fond, c'est par la procla-
mation de la loi d'inconstance que la femme sera
affranchie, mais seulement par là ». D'autre
part, si on réhabilite la chair, ne faut-il pas
convenir qu'il est souverainement imprudent
de lier pour la vie des corps qui ne se connaissent point. De là à demander une union d'essai
il n'y a qu'un pas. Claire Démar le franchit
d'un cœur léger. Elle demande carrément
« l'épreuve de la matière par la matière, l'essai
de la chair par la chair ». Ajoutons qu'elle se
déclare impuissante à déterminer où finit la période d'essai, où commence la phase du mariage, que d'ailleurs elle proteste par principe,
au nom même du mystère dont l'amour a toujours besoin, contre la publicité des unions,
que pour finir elle fait bon marché du pouvoir
de paternité, la paternité étant « toujours dou-
teuse et impossible à démontrer » ; et l'on
pourra conclure que Claire Démar a peu laissé
à trouver aux apologistes contemporains de
l'union libre. Vidal, dans sa prison de Montpellier, occupé à balancer les antithèses, écrivait :

« La femme qui représente la chair a pour
mission d'individualiser, de réclamer les droits
de l'individu contre la société. »

Claire Démar du moins donne raison à cette
prophétie.

Elle accomplit ce paradoxe : enter sur la
tradition saint-simonienne un individualisme
anarchiste exubérant.

*
* *

La pensée féministe, stimulée par les auda-
ces d'Enfantin, ne se laissa pourtant pas en-
fermer tout entière dans le problème sexuel. Le
débat fut élargi. La leçon des faits aidant, de
tout autres revendications que celles de Claire
Démar furent mises en vedette. On ne réclama
plus seulement ni surtout l'émancipation en
amour mais l'émancipation politique, et l'émancipation économique. Et là aussi l'on prépara
dans l'ombre des idées qui devaient faire explosion en 48.

Dès 1829, dans l'*Organisateur*, en même temps
que la nécessité de la réforme morale, la réforme politique est indiquée. « Notre soif

d'égalité, assurait une des rédactrices, n'est
que le besoin senti d'une association plus par-
faite entre époux. Elle protestait qu'on voulait
« être affranchies de la subalternité pour se
mieux absorber dans l'unité conjugale. » Mais
elle se plaignait en même temps de la « nul-
lité absolue sous le rapport politique » à laquelle les femmes restaient condamnées.
Mme de Staël reste consignée à la porte du
collège électoral où son libraire se pavane :
n'est-ce pas scandaleux ?

Dans ce même journal, où l'on promettait
aux femmes privilégiées des émotions inédites,
Marie Reine rappelle qu'il faut songer d'abord
à celles qui ont besoin de travailler pour manger. Elle demande que leur soit facilité l'accès
aux carrières industrielles, et qu'on ne les confine plus dans les états qui laissent à peine de
quoi vivre. « Notre liberté morale ne serait-elle
pas dérisoire si nous étions encore obligées de
dépendre des hommes pour notre vie matérielle ? ». Une autre fois, après une visite au
Tribunal, Marie Reine ajoute, — et le « réfor-
misme » politique pointe ici ? — « Si nous n'avons

jamais eu de représentants pour discuter et
repousser les lois oppressives que vous for-
muliez contre nous, dites encore de quel droit
vous voulez à tout jamais que nous y restions
soumises ? »

Entre 1836 et 1838, la *Gazette des Femmes* va
développer ce thème avec une obstination systématique. Le soleil de la Charte n'a-t-il pas
lui pour tout le monde ? Louis-Philippe est sans
doute le roi des Françaises comme des Français. Que l'on supprime donc de la légalité
existante tout ce qui humilie sans raison les
femmés. Qu'on ne se contente pas d'effacer du
Code cet l'article 213 qui consacre l'infériorité
de la femme en la condamnant à une obéissance
éternelle, d'abolir les peines contre l'adultère, de rétablir le divorce, mais qu'on permette aux femmes d'être jurées, et, en attendant un suffrage vraiment universel, qu'on ac-
corde le droit d'élire aux femmes sans maris,
aux filles âgées de vingt-cinq ans, aux veuves,
aux séparées.

Présentée d'abord comme un journal de lé-
gislation et de jurisprudence, la *Gazette des*

Femmes, en 1837, arbora ce sous-titre : *Journal
des droits politiques et civils des Françaises.*
La Gazette avait la prétention de ne rien dire
d'irritant et d'éviter toute exagération. Ses
directeurs, M. et Mme de Mauchamps, ne furent
nullement touchés de la grâce enfantinienne.
La Bibliothèque de l'Arsenal conserve pourtant un exemplaire de la revue que M. de Mauchamps envoya à l'apôtre avec une dédicace :
« Et moi aussi j'ai beaucoup connu Saint-Simon et je l'ai aimé ». La *Gazette des Femmes*
fut l'un des organes qui travaillèrent à rappro-
cher esprit saint-simonien et tendances démo-
cratiques.

Au feu de 1848 ce rapprochement devient fusion. Beaucoup plus profondément que Mme de
Mauchamps la directrice de la *Voix des Femmes*, Mme A. Boyet, est imprégnée de saint-si
monisme. Ne fut-elle pas chargée, au Degré des
ouvriers, de la direction du IV⁰ arrondissement ? Vainement voudrait-elle cacher ses origines intellectuelles ; les thèmes que l'École
a lancés passent et repassent dans la *Voix des
Femmes.* On demande que les femmes citoyen-

nes consacrent d'abord la vérité de ce principe : « A chacun selon sa capacité. » On y
rappelle d'ailleurs qu'elles sont « prêtresses
par leur nature ». On y répète enfin que la
grande croisade des nations ne saurait plus
être menée par l'homme seul « dès que le fer
des instruments de guerre se transforme en
instruments de travail ». Les souvenirs de ces
principes se mêlent aux revendications que les
circonstances inspirent. Les héritières de la
pensée saint-simonienne iront porter des péti-
tions au gouvernement provisoire pour demander la nomination de déléguées près de la
Commission de travail sur l'établissement
d'ateliers nationaux pour les femmes. Désireu-
ses de voir aboutir dans la paix sociale ces revendications pratiques, elles ne manquent pas
de protester contre « celles qui troublent l'ordre et ajoutent à la rumeur des rues ». Elles
ne sont pas moins empressées à rappeler qu'il
n'y a « pas de développement public sans vertus privées, et pas de vertus privées sans respect pour la famille ».

L'une des plus décidées à décliner toute solidarité avec le sensualisme mystique d'Enfantin fut précisément l'une des plus ardentes à demander, en politique d'abord, l'égalité des femmes et des hommes. Aux élections de 1914, les réunions publiques ont reçu la visite de hardies citoyennes, qui venaient demander aux candidats leur opinion sur le suffrage féminin. Jeanne Deroin est leur ancêtre. A la Redoute, à la salle de la Fraternité, à la salle Montesquieu, elle mène courageusement une vraie « campagne électorale » auprès des hommes en attendant d'instituer un « cours de droit social à l'usage des femmes ». Toujours prête à assaillir l'Assemblée nationale, prompte à réfuter les objections d'où qu'elles viennent, elle gourmande le pasteur Athanase Coquerel qui n'a pas craint de déclarer à la tribune que la vie privée convient seule à la femme.

Trouvez-vous donc, lui demande-t-elle, que la nation n'a pas besoin pour son organisation intér eure, de l'esprit d'ordre et d'économie des ménagères ? Elle reprendra le même thème pour répondre, dans l'*Opinion des Femmes*, au véhément réquisitoire de Proudhon, le révolutionnaire qui demeure, quand la famille est en jeu, un paysan romain : « La mission de la femme en dehors de la famille ? Aider et rétablir l'ordre dans ce grand ménage mal 'administré que l'on nomme l'État et substituer une juste répartition des produits du travail à la spoliation permanente des durs labeurs du prolétariat. »

La ménagère citoyenne, bonne citoyenne, parce que bonne ménagère, c'est l'idée que s'efforce d'acclimater Jeanne Deroin, et c'est une idée qui nous entraine très loin des rêveries de Claire Démar. Il n'en reste pas moins que Jeanne Deroin aussi, lorsqu'elle porte des revendications au gouvernement provisoire, part de la formule qu'on prêtait à Saint-Simon : « L'individu social c'est l'homme et la femme. » Elle se plaint encore que jusqu'ici l'homme ait parlé seul pour expliquer ce qu'il ne pouvait comprendre seul, et déduit de cette erreur la nécessité de mieux interpréter le christianisme.

« O femme, mère du genre humain, toi qui résumes en ton sein toutes les douleurs, toi qui as subi tous les martyrs, toi le type sacré du travailleur toujours souffrant, toujours opprimé, toujours subalternisé, lève-toi et parle. au monde de l'humanité. Dieu te le commande : c'est plus qu'un droit, c'est un devoir ».

Ces quelques souvenirs suffisent à le prouver : sous des formes différentes le prophétisme saint-simonien survit au cœur de celles-là mêmes qui sont les ancêtres de nos suffragistes contemporaines.

Il ne serait que juste de s'en souvenir.

Le jour où s'assembleront, pour porter des couronnes à son tombeau, tous les groupes divers qui sont à quelque titre les héritiers du saint-simonisme, nous demandons que l'on réserve dans cette procession, entre les syndicats de banquiers et les universités populaires, une place d'honneur aux féministes.

L'ALLIANCE INTELLECTUELLE
FRANCO-ALLEMANDE (1844)

I. — Bœrne et Heine

En 1844, une « jeune revue » vit le jour à
Paris, rue Vaneau, qui s'intitulait les *Annales
franco-allemandes : Die Deutsch-Französische
Jahrbücher*. Son programme n'était rien moins
que de fondre, par l'entremise de leurs intellectuels, les âmes des deux grands peuples civi-
lisés. Deux directeurs se partageaient l'honneur
de mener à bien cette œuvre de réconciliation,
capable de régénérer le monde : Arnold Ruge
et Karl Marx.

Arnold Ruge : un privat-docent en rupture
de ban. Ce Poméranien remuant avait eu déjà

plus d'une revue tuée sous lui. A Halle, où il
enseignait, n'avait-il pas éprouvé le besoin
d'éditer des Annales capables de « marquer
l'heure » ? Des professeurs devaient y dire leur
mot sur les questions actuelles. Résultat : peu
d'abonnés (313, les « 300 Spartiates ») mais
nombre de protestataires. Ses collègues accu-
sent Ruge de troubler à plaisir la paix sacrée
des Universités allemandes. Obligé de démis-
sionner. il ne pense qu'à élargir son champ
d'action. Il transforme les *Annales de Halle*
en *Annales allemandes*. Les *Annales allemandes*
sont à leur tour mises à l'index par le Conseil
de la Confédération germanique. Acculé à l'exil,
Ruge cherche à s'établir d'abord, lui et ses
presses, en Belgique ou en Suisse. Mais pourquoi pas à Paris ? Quelle plus belle estrade peut-
on rêver pour parler à l'Europe ?

Dès que la chose lui paraît possible, Ruge
convoque donc à Paris un de ses jeunes émules
et amis, Karl Marx. Sainte-Beuve nous présen-
tera ainsi Karl Marx, dans une note de son
Proudhon : « Un écrivain de la jeune école
hégélienne, qui se distingua dans la lutte contre

l'école de Berlin. » « Charles Marx a produit
dans ses articles critiques, dira de son côté
Ewerbeck dans l'*Allemagne et les Allemands*,
les dernières conséquences révolutionnaires du
dialectisme hégélien. » Marx avait donc été
piqué lui aussi de la tarentule philosophique.
Fils d'un brave homme d'avocat de Trèves —
qui craint pour lui l'ivresse des idées, comme
il dit, plus que celle de la bière — Marx renonce aux carrières juridiques. Le monde des
« systèmes » l'attire dans son orbite. Il opte
pour l'enseignement. Une savante thèse sur
l'atomisme de Démocrite et d'Épicure devait
lui ouvrir les portes des Facultés. Mais les mé-
saventures de son ami Bauer — professeur à
Berlin, envoyé en disgrâce à Bonn pour excès
d'audace théologique — le font hésiter sur le
seuil. On n'est décidément pas assez libre, dans
ces monastères mal laïcisés. L'universitaire
manqué se rabat, comme tant d'autres, sur le
journalisme. En 1841, il est à Cologne, rédacteur de la *Gazette du Rhin*. Mais la *Gazette du
Rhin* est périodiquement avertie par la censure.
Un beau jour de printemps, en mars 1843, elle

est frappée à mort. Marx vient de se marier : il
a épousé la fille d'un ex-magistrat de haute
lignée qui s'était établi à Trèves et lié d'amitié
avec son père : von Westphalen. Polémiste
sans emploi, Marx accepte les propositions de
Ruge qui affirme s'être entendu avec un éditeur. En novembre 1843, le jeune ménage
cherche un asile dans la grande ville tumul-
tueuse.

Il n'y avait pas longtemps qu'un orage avait
passé : écrivains allemands et écrivains français s'étaient disputé ferme. En 1840, les passions éveillées par les questions d'Orient avaient
soufflé sur le feu, mal éteint, des souvenirs de
1815. Par-dessus le « Rhin allemand » on s'était
montré le poing ; des strophes-vengeresses
avaient été échangées : c'était la petite guerre
des poètes.

Mais n'appartenait-il pas aux philosophes de
fermer pour jamais les blessures élargies
comme à plaisir par cette race irascible ? Ils
comprenaient, eux, la vraie nécessité historique : entre les émancipateurs des deux pays,
elle préparait une nouvelle Sainte-Alliance.

Feuerbach, un des oracles de la jeunesse pensante d'alors, ne l'avait-il pas laissé entendre ? L'heure a sonné d'opérer une « synthèse de la philosophie française et de la philosophie allemande » ; l'avenir appartient au « principe gallo-germanique ». C'était pour négocier ce mariage que Ruge, ambassadeur des intellectuels allemands, débarquait à Paris.

Il nous a raconté ses visites aux Français notoires, qu'il jugeait capable de collaborer ou de s'intéresser à son entreprise. Elles ne lui rapportèrent finalement que de vagues promesses, ou des conseils décourageants. Il grimpe les six étages de Lamennais, à la rue Tronchet : décharné et fiévreux, le prêtre devenu démocrate lui demande la permission de faire un peu de métaphysique ; là-dessus, deux heures d'horloge durant, il explique son système. Chez Louis Blanc, ce fut un vrai sermon : figure imberbe et voix fluette, l'auteur déjà illustre de *l'Organisation du Travail* a l'air d'un petit garçon échappé du collège. Mais il sait ce qu'il veut, et ce qu'il faut croire : il tient absolument à convaincre les disciples de Feuerbach des

dangers de l'athéisme. Lamartine, qui pourtant
devait accueillir avec une particulière fraternité
les intellectuels étrangers, « véritables plénipo-
tentiaires des peuples », promit-il quelque
chose ? Toujours est-il qu'il s'en défendit éner-
giquement lorsque la presse bien pensante dé-
nonça, comme un espèce de nid de guêpes, la
rédaction des *Annales*. Pierre Leroux, moins
grand seigneur, moins circonspect aussi, Pierre
Leroux, « l'homme qui ne porte pas de gants »,
le typo devenu écrivain, se trouvait à ce moment-là, dit-on, dégoûté d'écrire ; l'invention
d'on ne sait qu'elle machine accaparait son
énergie. Au fond, conclut Ruge, prophètes en
chambre ou hommes d'État en herbe, ces
Français étaient trop absorbés par leurs que-
relles de sectes et leurs luttes de partis.

Les *Annales franco-allemandes* parurent tout
de même. Mais elles n'eurent que des collaborateurs allemands. Henri Heine — qui devait se
lier assez étroitement avec Marx à Paris — grand
lyrique en passe de devenir grand satiriste —
y publia une ironique louange à Louis de Ba-
vière : Herwegh aussi donna des vers, le même

Herwegh qui devait en 1848 mener la folle
équipée de la *Légion franco-allemande*. Moses
Hess, que Ruge nous présente comme le rabbin
des communistes, — grand et maigre, vêtu
d'une longue redingote grise, le cou penché
en avant, les yeux noyés de bienveillance —
écrivit des lettres de Paris. Un jeune commer-
çant de Barmen qui, après une année de service
militaire et d'études philosophiques à Berlin,
achevait son éducation en Angleterre, dans une
fabrique où son père était intéressé, Frédéric
Engels, envoyait des correspondances. Dans
un essai sur l'économie politique orthodoxe il
critique, avec force souvenirs de la dialectique
hégélienne, les théories d'Adam Smith — le
« Luther de l'économie politique » — et de
Ricardo. Puis, passant de l'étude des théories
à celle des faits, il décrit, en résumant le *Past
and Present* de Carlyle, la situation de l'Angleterre. La contribution de Karl Marx, c'est
d'abord un article sur la question juive, où il
oppose, à celle de Bruno Bauer, sa façon de
concevoir les rapports des questions politiques
et religieuses avec les questions sociales. Puis

une critique de la *Philosophie du Droit* de
Hegel : le jeune auteur y marque le terrain
qu'il a conquis, sous la leçon des faits, au-delà
des systèmes, non seulement de Hegel, mais
de Feuerbach.

Les deux premiers fascicules des *Annales*
étaient, comme l'on voit, assez riches. Mais ils
furent aussi les derniers. Bientôt les fonds
manquèrent. L'harmonie en même temps fit
défaut, l'harmonie entre les co-directeurs. On
est assez mal renseigné sur les raisons déter-
minantes de la rupture. Ce qu'on voit de plus
clair, à travers les lettres des uns et des autres,
c'est la différence des tempéraments. Ruge, au
fond, n'était pas un révolutionnaire bien
décidé : ne devait-il pas finir pensionné par
Bismarck ? Il eût consenti volontiers, pour
sauver sa revue, des concessions aux nécessités politiques. Tandis que Marx, déjà, se rai-
dissait dans l'intransigeance communiste. D'ailleurs, en même temps qu'un tempérament
révolutionnaire, il devait révéler sans doute,
dès ce moment, un tempérament assez autoritaire. Engels mis à part, qui sut se tenir si dis-

crètement à sa place, dans l'ombre de son grand ami, Marx a-t-il jamais su tolérer un collaborateur ?

L'organe de la Sainte-Alliance intellectuelle ne devait donc pas vivre même un printemps. Est-ce à dire que l'effort de ces enthousiastes bâtisseurs de ponts demeura sans effets ? Non pas sans doute. A une époque où la température intellectuelle à Paris montait si haut — quelques années à peine avant l'explosion de 48 — il ne pouvait être indifférent d'amener au contact penseurs allemands et penseurs français. Forcément, des influences devaient s'échanger, des synthèses se préparer. C'est pourquoi il ne sera pas inutile de regarder d'un peu près, avant et après leur passage à la frontière, le bagage de ces commis-voyageurs en idées. Que sont-ils venus demander à la France ? Qu'ont-ils voulu lui apporter ? Qu'ont-ils pu en emporter ? Répondre à ces questions, ce serait sans doute contribuer à éclaircir les origines, encore obscures en quelques points, de la doctrine constitutive du « socialisme scientifique ».

Il faudrait se rappeler d'abord, pour comprendre ce qui attirait nos pèlerins, le prestige que la Révolution de 1830 avait restitué à
Paris. Le nimbe de la ville avait été comme
redoré par le soleil de juillet. On se reprenait
à célébrer *Paris révolutionnaire*. C'est le titre
d'un curieux recueil qui fut publié en 1833 par
une équipe de républicains et de socialistes.
On retrouve parmi eux Arago et Raspail, Buo-
narotti et Blanqui, Armand Carrel et Cavaignac.
Celui-ci qui devait au procès de la *Tribune*
s'écrier : « Si la France est la garantie des peuples, le gardien de leur forteresse, c'est à Paris
qu'elle tient en dépôt ce trésor », explique ainsi
dans l'introduction la pensée des rédacteurs :

« Perpétuel et infatigable artisan d'affranchissement et de progrès, foyer de lumières
et d'insurrection, Paris avec ses célèbres col-
lèges d'autrefois et leur rebelle jeunesse, avec
son peuple toujours prêt à se révolter contre
la tyrannie et ses doctrines de résistance à
l'oppression qui retentissaient jusque dans les

chairs de ses Églises ; le Paris des Maillotins,
de la Ligue, de la Fronde, des vainqueurs de la
Bastille, des vainqueurs de Juillet, le Paris qui
prêta ses presses aux La Boëtie, aux J.-J. Rousseau, ses tribunes aux orateurs de nos assemblées et de nos clubs populaires, ses rues aux
barricades de 1588 et de 1830, voilà celui que
nous voulons à la fois étudier et peindre, parce
que c'est celui qui étonne et ébranle le monde,
que le monde admire et ne connaît point. »

Pour rétablir entre le passé et le présent de
Paris cette continuité glorieuse, Charles Méné-
trier remonte en effet aux Maillotins, Lapom-
meray fait revivre « une émeute sous Mazarin »,
Barthélémy Hauréau évoque les 5 et 6 octobre
1789. Puis c'est Briffault qui décrit le Palais-
Royal, c'est Raspail qui raconte une émeute à
Sainte-Pélagie, pendant qu'Arago ramène le
lecteur à « la morgue après les trois jours ».
Armand Marrast — c'est un des articles les
plus émouvants du recueil — fait défiler, avec
tous les mouvements de foule qu'elles provo-
quèrent, les « grandes funérailles révolutionnaires ».

Mais à cet état d'esprit lyrique la prose suffisait à peine. Veyrat se chargera de chanter la Ville sainte :

> Or malgré tes malheurs et tes luttes civiles
> Je te salue, heureuse entre toutes les villes,
> Cœur du monde, ô cité des révolutions.
> Tu pèse les destins du globe en ta balance
> Et les peuples vers toi gravitent en silence,
>   Paris, soleil des nations.

> Les nations en deuil qui vont faire naufrage
> Avec des cris brûlants t'invoquent dans l'orage.
> Toute langue au berceau murmure ton grand nom.
> Tu portes l'avenir du monde en tes entrailles,
> Et nous savons qu'au jour des sanglantes batailles
>   Tu dors sur l'affût d'un canon.

Lyrisme excessif, dira-ton. Ces Parisiens en font accroire ? Il ne semble pas. Il suffit pour s'en convaincre de parcourir les correspondances envoyées en Allemagne par les prédécesseurs de Ruge et de Marx.

Elles portent les marques de cette même exaltation.

Ouvrez les fameuses lettres de Louis Börne. Un souffle brûlant vous frappe au visage. Une sorte de délire sacré reprend Börne lorsqu'il se retrouve à Paris. Il se loge tout près du Palais-Royal. Montagne d'aimant qui attire le monde, s'écrie-t-il, c'est près de toi qu'on acquiert la véritable science des âmes. Sous ces marronniers qui inspirèrent Camille Desmoulins, on respire plus librement. Et notre lyrique Allemand ajoute : « à peine installé à Paris, j'ai deux fois plus d'appétit ».

Par-dessus tout, les souvenirs des journées révolutionnaires l'obsèdent. Il respire avec ravissement, dans les salons de Lafayette, une vieille odeur de poudre. Dans ces rues glorieuses, « dont on ne devrait fouler le pavé que pieds nus », les barricades se redressent devant ses yeux hallucinés. En passant au Carrousel, il croise une manifestation en l'honneur des quatre sergents de la Rochelle, exécutés en place de Grève : sa pensée ressuscite les victimes sans nombre, aujourd'hui vengées, dont les régimes d'autorité ont jonché la terre. De la terrasse des Tuileries il voit défiler, sur les Champs-Elysées, une armée de grandioses fantômes. C'est ici vraiment la grand'route de l'histoire, pense-t-il. Et il ajoute : ce n'est pas

Vienne qui offrirait de pareilles perspectives !

A chaque instant il fait ainsi un retour sur l'Allemagne, et gémit de l'impuissance politique où elle languit. Il reste le cœur serré, à un banquet politique, de ne pouvoir, lui, représenter un peuple digne de ce nom. Et quand il apprend qu'au pays même du Pape la liberté de la presse gagne du terrain, il a honte pour le pays de Luther. « Le pays de Luther a encore la main guidée comme un enfant. Où cacher notre honte ? Les oiseaux nous siffleront, les chiens aboieront après nous. Pour se moquer de nous, les poissons mêmes prendront une voix. »

C'est à des railleries de cette sorte que pensait Gervinus, sans doute, quand il reprochait avec amertume à Börne de ravaler systématiquement sa patrie et, pour réveiller ses concitoyens, d'abuser de la cravache.

Il serait tout à fait injuste, pourtant, d'accuser Börne d'avoir perdu toute fierté nationale. Il sait élever l'Allemagne après l'avoir humiliée. Et l'un des premiers, il entonne l'hymne que nous entendrons tant de fois, en l'honneur de l'Allemagne philosophique. C'est Börne qui écrit :

« La vie allemande ressemble à une contrée des Hautes-Alpes ; elle est grandiose, majestueuse, la couronne de la terre qui étincelle de ses éternels glaciers. A l'Allemagne la lumière la plus pure, aux autres pays la chaleur du soleil. Ces hauteurs stériles ont fécondé le monde à leurs pieds. C'est là que se trouvent les sources des grands fleuves de l'histoire et des grandes nations et des grandes pensées...

Börne ajoute : « Les Français se plaignent souvent et se moquent de ce brouillard qui enveloppe les intelligences germaniques. Mais ces nuages qui interceptent la vue aux Français ne sont qu'aux pieds des Allemands qui s'en élèvent de toute leur grandeur et respirent sous un ciel bleu, et dans un air pur et rayonnant. Mais le jour avance, encore quelques heures historiques et ces brouillards qui séparent deux nations se dissiperont. Alors nous nous rencontrerons, les Français montant, les Allemands descendant. »

L'idée apparaît ici que l'heure a sonné de la définitive alliance intellectuelle. 1843, ne sera-ce pas justement le millième anniversaire du Congrès de Verdun ? Qu'aujourd'hui comme alors France et Allemagne ne forment plus qu'un empire ; mais un empire sans empereur.

Que les deux peuples libérés complètent seulement l'un par l'autre leurs génies. L'émancipation par l'union. L'union dans l'émancipation. C'est le programme même que repren-
dront les fondateurs des *Annales franco-allemandes.*

Que la France et l'Allemagne, disait de son
côté Heine, imitent enfin ces héros d'Homère
qui échangèrent sur le champ de bataille, en
signe d'amitié, leurs armures. Puissent les
Français nous emprunter un grain de philosophie, pendant que nous leur demanderons
quelque chose de leur sens de l'action, fruit de
leur expérience politique.

Plus encore que Börne, Heine jouira en dilet-
tante de « l'air délicieux et civilisé qu'on respire
à Paris. » Il montre volontiers, aux premières,
ce haut front blanc, ces joues rondes et roses
qui faisaient l'admiration de Théophile Gautier.
Il suit la saison musicale et note les résistances
que rencontre l'âpre génie de Berlioz. Il flâne
au Salon, « impuissance bariolée ». Il se laisse
entraîner aux tourbillons du Carnaval : prenant
seulement le soin de marmotter, dit-il, au

milieu des jolies sorcières françaises, la prière
que lui apprit sa bonne grand'mère allemande...

Mais ce sont les secousses politiques et sociales qui le font vibrer au plus profond de
l'âme. Il guette les signes de renouveau : à
force de se multiplier, ne réveilleront-ils pas
cette Allemagne dont il lui semblait, du haut du
Saint-Gothard, entendre le ronflement paisible ?
Quand la nouvelle des Trois Glorieuses lui
arrive à Héligoland, lui aussi il délire de joie :
« Sur les tours de Paris flotte à nouveau le
drapeau tricolore. Partout retentit *la Marseillaise* — La Fayette, le drapeau tricolore, *la
Marseillaise*. je suis comme énivré. Des espérances audacieuses surgissent dans mon cœur
paisible, semblables à ces arbres merveilleux
dont les branches sauvages se perdent dans les
nues. » Il rêve qu'il parcourt les pays allemands,
frappant aux portes de ses amis, secouant tout
le monde. « Quelle heure est-il ? » — « A Paris,
mes amis, le coq a chanté — c'est tout ce que
je sais. » Paris, pour lui aussi, est « la ville de
l'égalité, de l'enthousiasme et du martyre, la
ville rédemptrice. » Et quand il constate que

pour l'Allemagne, le geste libérateur de Paris
est resté vain, que la Diète n'a pas été capable
de faire front contre l'Autriche brutale et la
Prusse hypocrite, alors de nouveau son cœur
« se noie dans l'affliction et la colère. »

Mais comme tous ces exilés, amants malheureux et jaloux de leur patrie, Heine est prêt, si
d'autres étaient tentés de la déprécier, à glorifier l'Allemagne. Il sait par où elle est supérieure, et vraiment inimitable.

Le sens de l'action lui a manqué, soit. Mais
elle a plus que toute autre exercé méthodiquement sa pensée. C'est pourquoi, finalement,
elle n'aura pas moins travaillé que les autres
aux grands bouleversements sociaux. Et même
il est à présumer que le jour où elle s'y mettra,
elle accomplira une révolution complète.

On avait beaucoup répété depuis Mme de Staël
le mot de Jean-Paul Richter : « La mer aux Anglais, la terre aux Français, l'air aux Allemands. » A en croire la docte voyageuse,
l'Allemagne restait un peuple religieux, respectueux. Ses penseurs s'élancent hardiment sur
les sommets de la spéculation : mais ils aban-

donnent prudemment, aux puissants du jour,
la direction des choses d'ici-bas. Les mêmes
conclusions se retrouvent dans les correspondances des Français qui font, entre 1815 et 1830,
le même pèlerinage. L'idéalisme et la poésie
aident l'Allemagne, répètent-ils, à oublier le
vide des institutions. Belle cervelle, dit à peu
près Saint-Marc Girardin, mais de volonté point.
A ce verdict, Heine refuse de souscrire. Du
moins la sentence ne lui paraissait vraie qu'à
moitié. Pour avoir beaucoup pensé, il doit être
beaucoup pardonné à l'Allemagne. D'abord sa
pensée ne peut manquer de la conduire quelque
jour à l'action. Et puis sa pensée est par elle-
même une action, action par excellence libératrice. Pierre Leroux se trompe en effet quand
il imagine la philosophie allemande enchaînée
pour jamais à la religion. Une à une, au contraire, les penseurs d'outre-Rhin font tomber
toutes ces chaines. Le marteau de Luther est
relevé et manié par eux avec une croissante
audace. S'ils ne s'arrêtent pas à ce matérialisme
un peu plat et sec, qui servit d'arme aux philosophes militants du dix-huitième siècle, ils

tendent vers le panthéisme, qui est, à sa façon, une réhabilitation de la chair ; ils règlent définitivement les comptes du déisme. N'est-ce pas là, à y bien regarder, une œuvre aussi révolutionnaire que celle de la France ? Et là-dessus Heine s'efforce — effort qui sera repris plus d'une fois — de préciser les parallélismes.

Des deux côtés du Rhin, nous voyons la même rupture avec le passé. On refuse tout respect à la tradition. En France tout droit, en Allemagne toute pensée est mise en accusation et forcée de se justifier. Ici tombe la royauté, clef de voûte du vieil édifice idéal. Là-bas le déisme, clef de voûte de l'ancien régime intellectuel.

C'est Kant qui est le déicide. La *Critique de la raison pure* est elle aussi une guillotine. A bien regarder, Kant ne surpasse-t-il pas en terrorisme Robespierre lui-même ? On pourrait suivre la série : on constaterait qu'à tous les événements politiques dont la France étonne le monde correspondent, en Allemagne, des événements philosophiques. Fichte, c'est Napoléon, La Restauration, c'est Schelling — et ainsi de suite.

Vous ne vivez donc, dira-t-on aux Allemands, que dans le royaume des idées ? Patientez. L'éclair précède le tonnerre. Un peuple méthodique devait assez rationnellement commencer par la Réforme, continuer par la philosophie : il va achever la philosophie par la révolution. Et soyez sûrs que la révolution allemande ne sera rendue plus débonnaire ni par la philosophie de la raison pure muée en philosophie du moi, ni même par la philosophie de la nature prolongée en philosophie de l'histoire. Au contraire (ne dirait-on pas qu'ici Heine pressent la vigueur particulière que son déterminisme même assurera au marxisme?) les philosophes de la nature pourront être les plus terribles. Ils s'identifieront eux-mêmes avec les forces de destruction. Ils conjureront les forces cachées de la tradition : d'autant plus ardents qu'ils seront convaincus d'avoir le *fatum* avec eux... Et voilà pourquoi sans doute on exécutera en Allemagne un drame auprès duquel la Révolution française ne sera qu'une émouvante idylle.

C'est ce même espoir que flattera habilement

Crémieux en 1848, lorsque Herwegh viendra à l'Hôtel de Ville lui présenter les 6.000 volontaires de la Légion allemande.

« Salut et merci à toi, peuple français, disait Herwegh. Les idées de la nouvelle république française sont les idées de toutes les nations : le peuple français a l'éternel mérite de leur avoir donné par sa révolution glorieuse la consécration de l'action (*Die Weihe der That*). Dans le combat commencé l'Allemagne ne restera pas en arrière : il y a longtemps qu'elle a collaboré à sa préparation par la marche de son évolution intellectuelle.

Et Crémieux de répondre :

« Séjour de la philosophie et des hautes idées, l'Allemagne sait ce que lui vaut la liberté... Elle s'agite, elle coordonne ses pensées. L'Allemagne ne se précipite pas ; elle marche. Mais quand l'Allemagne marche elle arrive au but. »

Par des perspectives analogues se consolera encore Ewerbeck en 1851. Dans le livre *l'Allemagne et les Allemands*, que dédie au peuple de France le docteur Auguste Simon Ewerbeck, natif de Dantzig et citoyen français, l'auteur confesse ce qu'a coûté à l'Allemagne, depuis le commencement du dix-neuvième siècle, cette

« immense concentration de son intelligence sur la philosophie ». Il sait de quel prix l'Allemagne paie sa gloire intellectuelle :

« C'est un spectacle inouï jusqu'ici dans les Annales du genre humain : une nation de près de 40 millions, plus puissante en pensée et plus instruite en sciences et en beaux-arts, et pourtant en politique plus affaiblie et plus abaissée que toute autre. Mais ne désespérons point : j'ai la conviction sincère qu'avant la fin de notre siècle, elle (la révolution allemande) se montrera au monde étonné dans des proportions encore plus grandioses et plus brillantes. »

Touchants actes de foi et d'espérance. Ces émancipateurs ne se résolvent pas à abandonner leur pays, comme un traînard blessé à mort. Ils ne peuvent se résigner à croire que leur race, sur la route de la liberté, se laissera distancer indéfiniment. Elle reste encore en arrière ? C'est qu'elle va faire un bond, vous dit-on, qui vous dépassera tous.

.·.

Au moment où Ruge, Hess et Marx vont arriver à Paris, au moment où Heine écrit pour la Gazette d'Augsbourg les *Lettres de Lutèce,*

les intellectuels allemands ont des raisons nouvelles de se rabattre sur cette espérance. C'est
que l'action proprement politique, l'action conforme à la tradition de la révolution française,
n'a guère fait que multiplier les déceptions. Le
« roi des barricades » est devenu bien vite le
roi de la boutique, en attendant de devenir le
roi de la Bourse. Vainement les membres des
petites sociétés révolutionnaires se font tuer
aux carrefours. Vainement les revues républicaines se font condamner en des procès
monstres. Tout ce tumulte donne l'impression
'e ne rien changer au fond des choses : il
n'exerce aucune action sur les mouvements com-
mandés par le commerce et l'industrie.

Canne à sucre ou betterave, qui triomphera ?
Et à qui les concessions de chemins de fer ? Ce
sont là les vraies questions vitales. Dans la politique extérieure comme dans la politique inté-
rieure, « les intérêts » gouvernent. C'est la
Bourse — le temple de la peur, dit Heine, — qui
sert de cœur à cet organisme nouveau. Le
monde devient vraiment juif : « On entend dis-
tinctement la crue continuelle des richesses

des riches...» Devant cette montée de l'industrialisme quel intérêt présentent les crocs-en-jambe
de Thiers à Guizot ou de Guizot à Thiers, ou
les manœuvres des « hommes de la résistance »
contre les « hommes du mouvement », ou
même les assauts lancés contre la royauté par
les républicains?

Parlons plutôt des efforts tentés, des systèmes combinés pour la réorganisation économique. Socialistes et communistes, voici du
moins des gens qui ont compris quelles questions sont posées par la force des choses.
Heine avait flirté avec le saint-simonisme, dans
sa belle période. Cette « réhabilitation de la
chair » avait séduit son sensualisme. Il avait
aimé le romantisme inconscient de ces « pêcheurs d'hommes », qui gardaient à ses yeux le
mérite particulier de ne pas être égalitaires.
Son livre sur l'Allemagne est dédié à Enfantin,
qui le reçoit en Egypte, où, d'apôtre, il est en
train de redevenir ingénieur. Lors même que
Heine se sera détaché de cette religion
manquée, il verra avec sympathie cheminer
dans l'esprit public les idées qu'elle abritait.

De même il ouvrira un large crédit aux fouriéristes. Il admire Fourier arpentant le Palais-
Royal. Chaque midi l'inventeur du *phalanstère*
y vient, dit-on, attendre le millionnaire inconnu
qui lui permettra de commencer ses expériences sociales. Des poches de sa redingote
grise et râpée sortent le pain et la fiole de vin
qu'il vient d'acheter pour son déjeuner frugal.
Respect à ces inventeurs pauvres qui cherchent
pour les pauvres la pierre philosophale ! L'heure
sonne où leur pensée va être comprise. Un
public se forme pour eux, un public qui est le
peuple. Il veut décidément, pour en appliquer
l'effort à de nouveaux problèmes, ressusciter
l'esprit de la révolution.

On a souvent cité la page fameuse où Heine
décrit ses visites aux ateliers du faubourg
Saint-Marceau. Il est étonné et comme effrayé
des livres qu'il y voit lire, des chants qu'il y
entend chanter : « des livres qui avaient comme
une odeur de sang, des chants qui semblaient
avoir été composés dans l'enfer... rien que
passion et flamme, flamme et passion. » Heine
ne se lasse pas ainsi d'attirer l'attention sur les

« titans troglodytes » aux aguets dans les bas-fonds de la société. Le communisme, dit-il encore, c'est l'acteur qui n'attend que la réplique pour rentrer en scène et tout dramatiser. Les fidèles qu'il recrute ne sont, comme les Galiléens, qu'une poignée de visionnaires obscurs : qui sait si, comme les Galiléens, ils ne vont pas changer la face du monde ?

Quand le plus célèbre représentant de la jeune Allemagne, Gutzkow, visitera à son tour la France, « pays du symptôme », il cherchera lui aussi, dans les tendances communistes, les dominantes de l'époque. Plus nettement encore, dès 1842, Lorenz Stein, dans son *Histoire du socialisme et du communisme en France*, déclarait : « Le temps des événements politiques en France est passé : la prochaine révolution ne peut plus être qu'une révolution sociale. » Ce qui fait à ses yeux l'intérêt des systèmes qu'il décrit, c'est moins leur construction même (un universitaire allemand en a vu bien d'autres) que leur soubassement : sur la pierre du prolétariat ces églises sont bâties. Une classe se range derrière ces utopistes, prête à attaquer non seulement l'État, mais la « société civile ».

En somme, à des degrés différents, les intellectuels allemands qui séjournent en France éprouvent l'impression que pour la vigueur et l'audace de la pensée philosophique l'Allemagne demeure sans conteste supérieure. En matière d'action politique, au contraire, les Français gardent une avance indéniable. Mais le moment est venu où l'action politique révèle ses insuffisances. Les questions qui priment tout sont dès maintenant les questions sociales. Pour les résoudre, ce ne serait pas trop, sans doute, d'une alliance intime entre les génies des deux peuples. Ainsi apparaît, comme un arc-en-ciel au-dessus des nuages, l'idée de l'Alliance intellectuelle franco-allemande.

II. — Arnold Ruge et Karl Marx.

Quels sentiments éprouvent, lorsqu'à leur tour ils passent le Rhin, les jeunes intellectuels qui doivent fonder les *Annales franco-allemandes* ?

Il faut, pour s'en rendre compte, relire les

lettres qu'échangent Marx, Ruge et Bakounine.
Elles ont été reproduites, avec un mot de
Feuerbach — qui, retiré dans sa solitude de
Brückberg, refuse bientôt son concours à l'entreprise — en tête du premier fascicule. Un
peu arrangées pour l'impression sans doute,
elles n'en sont pas moins émouvantes : on sent
ces cœurs vibrer de colère, on voit rougir de
honte ces fronts de jeunes révoltés quand ils
songent à l'état d'impuissance et d'inertie où un
despotisme digne de la Russie est en train de
réduire l'Allemagne.

Honte et colère d'autant plus vives, chez Marx
et Ruge, qu'un moment ils ont pu nourrir des
illusions : ils ont pu croire que la jeunesse
pensante allait collaborer, pour l'émancipation
de l'Allemagne unifiée, avec la monarchie prus-
sienne. Ruge ne disait-il pas en parlant des
Annales de Halle : « Je suis le chef de la cava-
lerie hégélienne de la maison des Hohenzol-
lern ? » Frédéric-Guillaume IV commence par
un flirt avec l'Allemagne libérale. Le système
de la compression à la Metternich allait donc
cesser d'être appliqué ? L'interminable captivité

de Reuter, le procès scandaleux de Sylvestre Jordan, le suicide du pasteur Weiding, les 1.800 dossiers de la cour d'enquête de Mayence étaient alors dans toutes les mémoires. Autant de mauvais rêves, dissipés à jamais ?

L'espoir ne fut pas long. Frédéric-Guillaume IV entendait gouverner en prenant son point d'appui dans le cœur du peuple. Cela ne signifiait pas qu'il crût bon de laisser toute liberté à l'esprit public. Au contraire, interprète-né des aspirations profondes du *Volksgeist*, ne lui appartenait-il pas d'éviter, au troupeau commis à ses soins, la contagion des idées françaises ?

Entre l'esprit du souverain et l'idée de liberté le nuage romantique revient s'interposer. Frédéric-Guillaume IV n'aura été qu'un « parleur », dira Ewerbeck. Il parle beaucoup : il ne peut pas se résoudre à laisser parler les autres.

Le premier article de Marx — il est signé « un habitant du Rhin » et il paraît dans les *Anekdota* qui furent comme le testament des *Annales allemandes* — est justement dirigé contre les nouvelles Instructions pour la cen-

sure, promulguées par Frédéric-Guillaume IV,
en janvier 1842.

La véhémente ironie du jeune dialecticien
vibre déjà dans cette discussion. L'Instruction
promet que la liberté d'écrire sera respectée
quand l'écrivain sera sérieux, quand il offrira
des garanties morales. Mais qui définira ces
garanties ? Qui nous garantira le tact de vos
juges ? Vous ne sauriez tolérer, dites-vous, les
attaques dictées par l'inimitié contre la religion chrétienne ? Vous ne voyez pas qu'à ce
compte, vous auriez dû embastiller Fichte,
Kant, Spinoza, tous les héros intellectuels de
la morale autonome ?

Quand il devient rédacteur à la *Gazette rhénane*, Marx continue sa campagne pour la liberté de penser. Il suit les débats qui se déroulent à ce propos au Landtag rhénan. Il voit
bien que lchacun des orateurs y parle le langage de sa classe. Mais il n'en trouve aucun
pour défendre avec la passion nécessaire la
liberté de la presse : « Œil du *Volksgeist*, in-
carnation de la foi d'un peuple en lui-même,
lien parlant qui unit l'individu à l'État et au

monde. » Transposons ici, ajoute le jeune et
lyrique avocat, le mot de Gœthe : la liberté de
la presse aussi est une beauté, encore qu'elle
n'ait rien de féminin; pour la pouvoir défendre
il faut l'avoir aimée.

Ces nobles enthousiasmes demeurèrent sans
effet. Cette flamme ne trouve pas d'aliment en
Allemagne. Dans la lutte inégale contre la
censure, Marx devait bientôt succomber.

Un congrès de Sociétés savantes, à Stras-
bourg, avait fourni à la *Gazette rhénane* l'occasion d'affirmer, en même temps que des sympathies pour la France, son souci des questions
sociales. Moses Hess avait rencontré là un certain nombre de socialistes français. Il laissait
entendre, dans une correspondance, que la
bourgeoisie aurait bientôt, en tout pays civilisé, à sacrifier ses privilèges, comme la noblesse française, en 89, avait sacrifié les siens.
Il n'en fallut pas plus pour que le journal
d'Augsbourg accusât son confrère de communisme. Ce fut pour Marx un prétexte à définir
ses propres positions. Il se défendait de regarder les aspirations communistes, sous leur

forme présente, comme vraies théoriquement,
a fortiori comme pratiquement réalisables;
mais il ajoutait que des écrits comme ceux de
Leroux, de Considérant, de Proudhon, méri-
taient la plus sérieuse attention. En définitive,
rien n'importait plus, sans doute, que le per-
fectionnement théorique de l'idée communiste :
on ne vient pas à bout des idées à coups de
canon.

Quelques réserves qu'elles pussent contenir,
on pense si de pareilles déclarations devaient
concilier à la *Gazette rhénane* la bienveillance
des censeurs. Une enquête trop franche sur la
misère des paysans de la Moselle mit le comble
aux colères officielles. La démission de Marx
fut exigée. Peu après le journal sombra.

Ainsi, comme Bruno Bauer, comme Ruge,
Marx est frappé pour crime d'opinion. Les
jeunes hégéliens éprouvent les uns après les
autres la puissance arbitraire de cet État où
leur maître se plaisait à montrer une incarna-
tion de la Raison, « Dieu marchant à travers
le monde. » C'en était assez sans doute pour
les brouiller complètement, s'ils n'y avaient

incliné déjà, avec Hegel, l'État et l'Allemagne.
Les faits leur ont fourni la preuve que dans la
patrie de la philosophie, la vie est intenable
à toute pensée un peu libre.

De ces écoles, Ruge emporte une rancœur.
Au fond il est vexé — tous les libérateurs qui
ne sont pas suivis en sont là — de n'avoir pas
senti les foules se mobiliser derrière lui quand
il a été obligé de quitter l'Université, lui qui
combattait pour l'humanité tout entière. Aussi
fait-il montre volontiers du plus noir pessimisme.
Il reprend à son compte le mot de Hölderlin :
« Je vois ici des ouvriers, non des hommes ; des
penseurs, non des hommes ; des maîtres et des
sujets, non des hommes. » Marx lui écrit de
Hollande que devant le dédain railleur du plus
modeste citoyen d'Amsterdam pour la grande
Allemagne, il s'est senti le cœur serré. Mais
au fond même de l'humiliation il trouve des
raisons de se reprendre à l'espoir. La honte
fait les révolutions. La honte est déjà une révolution. Que le peuple allemand prenne seulement une claire conscience de la situation
déshonorante qui lui est faite : bientôt elle lui

paraîtra intolérable. Comme le lion, il va se
replier sur lui-même pour mieux bondir.

Ne prenez-vous pas, répond Ruge, vos désirs
pour des réalités ? Une révolution, c'est tous
les cœurs retournés, c'est toutes les mains le-
vées en l'honneur de l'homme libre. Je ne vois
rien venir de pareil. Il y a par chez nous trop
de caractères dociles, trop d'âmes à vendre.
L'esprit allemand n'est plus que bassesse. Pas
d'avenir pour notre peuple : qui donc entendra
nos cris ?

A cette « élégie », Marx répond sur un ton à
la fois ironique et enthousiaste. Pessimiste lui
aussi, on le voit — déjà — justifier sa confiance
par l'excès même du mal. Plus le monde est
bas, plus il y a de chances pour qu'il se relève.
Souvenirs de la tradition chrétienne qui place
la résurrection trois jours après la crucifixion,
— entraînement de la dialectique hégélienne,
qui montre comment une négation absolue appelle et prépare l'affirmation contraire, — suggestions d'un tempérament âpre et robuste, qui
se réjouit de mépriser, mais à la condition de
dépasser aussitôt le mépris par l'espérance,

— on voit affleurer dès ces premières lettres les influences qui fourniront comme son soubassement philosophique au *Capital*.

Non que, sur la situation présente de l'Allemagne, Marx plus que Ruge se fasse illusion. Ce monde de Philistins est à ses yeux « un monde animal plutôt qu'un monde humain. » Comment Montesquieu a-t-il pu soutenir que l'honneur est le principe des monarchies ? C'est le déshonneur qu'il fallait dire, c'est la dégradation, la déshumanisation de l'homme (*der entmenschte Mensch*). Pareil régime détruit chez tous les hommes le sentiment de soi. Il les réduit à l'état de choses. Dans la critique de la *Philosophie du droit* de Hegel, Marx décrira — avec ce style épigrammatique, riche en retournements d'antithèses, qui est alors sa manière — l'état d'infériorité où la persistance d'un régime d'autorité compressive a placé l'Allemagne.

« Une sourde pression réciproque de toutes les sphères sociales les unes sur les autres, partout une maussaderie inactive, une limitation qui à la fois se reconnaît et se méconnaît, tout cela dans les cadres d'un système de gouvernement qui vit de la conservation de toutes les pauvretés, et qui n'est lui-même que la pauvreté au gouvernement. Cette oppression réelle, il la faut rendre encore plus oppressive en y ajoutant la conscience de l'oppression. Il faut rendre la honte encore plus honteuse en la rendant publique. »

Mais justement cet état d'abjection est trop parfait en son genre pour pouvoir durer. Après les reniements de Frédéric-Guillaume IV, le manteau du libéralisme est tombé. Le despotisme réveillé montre sa nudité au monde. Projetons seulement la lumière sur cette honte. Ajoutons seulement à l'oppression la conscience de l'oppression. Est-il possible qu'un peuple, aux yeux de qui si souvent l'on a fait miroiter la beauté de l'idée, s'accommode longtemps d'une réalité pareille ? L'Allemagne a été la conscience théorique du monde. Elle a pensé ce que les autres ont fait. La croissante discordance entre la spéculation et l'expérience ne peut manquer d'entraîner quelque grande secousse, une rupture, un *Bruch*. A ce *Bruch* l'évolution économique travaille d'ailleurs spontanément, ajoute Marx. Et c'est l'amorce des thèses qu'il développera sans se lasser plus

tard. Le système de la propriété privée est
aussi le système de l'exploitation de l'homme
par l'homme. La masse souffrante va bientôt
se coaliser avec l'élite pensante. Entre les deux
forces régénératrices de l'Allemagne la jonc-
tion va enfin s'opérer, « au chant retentissant
du coq gaulois ».

A cette dialectique de l'espoir désespéré répond, de Suisse, comme un roulement de tonnerre annonciateur, la grosse voix de Bakounine. Bakounine : le mouvement fait homme,
dira Bierling. Élève-officier, il a bientôt quitté
les armes pour les livres. Mais il reste un ba-
tailleur. Sur un signe de ce nouveau Wotan,
les nuages de la philosophie allemande s'entre-
choquent et multiplient les éclairs. Aux théories
hégéliennes il donne un tour pratique et com-
batif, fidèle en cela au génie slave, déclare
Herzen, qui est intermédiaire entre la spéculation allemande et l'action française. Sous le
pseudonyme d'Élysard il a collaboré aux *Annales
allemandes* : il s'efforçait d'y démontrer que la
« réalisation de la liberté », selon la formule de
Hegel, ne pouvait s'accomplir sans une révolu-

tion totale. « Confions-nous donc à l'esprit
éternel, s'écriait-il, qui ne détruit que parce
qu'il est la semence insondable et éternellement
créatrice de toute vie. Le désir de la destruction est en même temps un désir créateur ».

Quand Ruge lance sur l'Allemagne sa malédiction découragée, Bakounine est en Suisse
— où plus tard, après tant d'avatars, il se réfu-
giera : les gamins de Genève. salueront en lui
« le roi de l'internationale ». C'est au milieu
du lac de Bienne, dans l'île de Rousseau, qu'il
écrit à Ruge. Rousseau et Voltaire ! Autour du
révolté rêveur les souvenirs du grand siècle de
la pensée active se lèvent en masse. Strauss
l'avait reconnu déjà, et de plus en plus les
intellectuels allemands s'en apercevront : la
méthode du dix-huitième siècle français avait
du bon. Cette philosophie ne planait pas loin
de la terre. Elle s'intéressait au peuple, qui
s'intéressait à elle. Elle mobilisait l'opinion.
C'était, comme dira Ruge à son tour, une littérature conquérante (*weltgewinnende*). A nous
de profiter de ses conquêtes et de nous inspi-
rer de ses exemples. Dans les têtes les mieux

douées de l'Allemagne, Voltaire et Rousseau ne peuvent-ils ressusciter ? Trêve donc à votre orgueil métaphysique. Descendez au milieu des réalités. Mêlez-vous aux hommes activement, à la française. La France vous prêtera un peu de son vif-argent pour réveiller l'Allemagne.

De quel droit désespérer, donc ! Vous constatez ce que le peuple allemand est aujourd'hui : pouvez-vous dire ce qu'il sera demain ? Faut-il que ce soit moi, le Scythe, qui rallume en vous le feu sacré de l'hellénisme ? Envoyez-moi vos ouvrages dans l'île de Rousseau, je les veux imprimer, et écrire en lettres de feu au ciel l'histoire : « Mort aux Perses ».

Souvenirs de l'antiquité classique, souvenirs du dix-huitième siècle français, souvenirs de Hegel et de Feuerbach, tout se mêle dans l'esprit bouillant de ces jeunes philosophes, encore ivres, mais déjà rassasiés de philosophie. Ils entendent faire passer leurs rêves à l'action. Que la pensée s'incarne dans la réalité ; il en est temps. Pour servir de théâtre à ce miracle humain, la France est la terre désignée. A la chaleur de ses traditions révolutionnaires va

s'opérer entre le fait et l'idée une fusion qui
sera en même temps l'alliance des savants et
des ouvriers, comme nous dirions aujourd'hui,
des intellectuels et des manuels. Tout effort
pour faire descendre la science dans le monde,
c'est par l'entremise de la France qu'il doit
réussir. On ne saurait lier la philosophie à l'action politique sans se rattacher étroitement à
la France.

* *

De ses faits et gestes à Paris, Ruge nous a
laissé un récit minutieux. A Montmartre, puis à
Saint-Cloud, il médite sur cette « mer de maisons » qui s'étend à ses pieds — spectacle plus
imposant encore que les splendeurs de la nature.
C'est ici que l'effort humain a atteint sa plus
haute tension. C'est ici que nous aussi, Allemands, remportons nos victoires ou éprouvons
nos défaites. Notre philosophie, malgré ses
avances d'idées, ne devient une force active
qu'en traversant Paris. L'histoire de Paris, avec
tant de brusques secousses et de retours inat-
tendus, nous rappelle utilement que l'histoire

n'est pas un phénomène naturel. Elle ne se dé-
roule pas avec la fatalité d'une révolution organique. Les révolutionnaires parisiens se sont
gardés d'abandonner leurs adversaires à leur
destinée. Ils la leur ont préparée hardiment. Ils
leur ont creusé leur fosse et les y ont fait tré-
bucher.

Les idées que Paris élabore à l'heure actuelle,
Ruge s'efforce de les connaître dans les hommes
qui les représentent. Il visite les réunions politiques. C'est ainsi qu'il assiste à une assemblée où l'on s'occupe de la refonte du journal
La Réforme; il y entend l'un des leaders du
parti démocrate, Ledru-Rollin, figure impo-
sante et hardie, débit vif et geste saccadé. Il
fait la connaissance de Victor Schœlcher, l'avocat des esclaves, dont l'air à la fois ferme et
doux le séduit. Mais surtout il recherche communistes et socialistes. Le voici chez l'auteur
du *Voyage en Icarie*, Cabet, le procureur populaire, celui qu'Engels louera d'avoir donné un
idéal aux tailleurs et aux menuisiers. Chez Considérant, dans le salon de la *Démocratie Pacifique*, Ruge n'est entré qu'avec hésitation : il

avait peur d'être enrôlé par les apôtres fouriéristes. Il est heureusement surpris de l'air de
liberté qu'il respire dans ce milieu. Il admire à
son tour la noblesse et la grâce du polytechni-
cien devenu propagandiste du phalanstère. Ruge
fréquente encore chez Flora Tristan, qui prêche
l'*union ouvrière :* par-dessus les barrières des
compagnonnages elle veut que les travailleurs
se tendent les mains. Ruge rencontre chez elle
des ouvriers qui lui remontrent, avec un grand
sens pratique, ce qu'il y a d'utopique dans ses
projets. Elle habite en face de Saint-Sulpice ; a-
t-elle besoin de reprendre courage, elle se répète que la volonté d'un seul prêtre a dressé
cet édifice. Pourquoi ne réussirait-elle pas à
faire surgir la maison du peuple ? Elle lançait en
tous cas une idée, qui après des fortunes diverses, devait créer sous nos yeux de puissants organismes.

Marx a-t-il traversé, lui aussi, ces milieux ? Il
serait difficile de l'affirmer. Nous ne pouvons
suivre Marx à Paris dans sa chasse aux idées.
Nous perdons vite sa trace. Ruge nous apprend
seulement, non sans dédain, que Marx fréquen-

tait beaucoup dans les clubs d'Allemands.
Étudiants, artisans, employés, nombre d'exilés
d'outre-Rhin fraternisaient alors dans les sociétés secrètes. On comptait beaucoup, pour
l'émancipation de l'Allemagne et du monde,
sur ces petits foyers. On raconte que Börne, en
assistant à la première réunion organisée par
un groupe d'artisans qui dînaient au restaurant
de la rue Tirechappe, s'écria les larmes aux
yeux : « Mes amis, je puis mourir avec tran-
quillité : l'Allemagne est sauvée ». *La Fédération des Bannis*, puis la *Fédération des Justes*
succédèrent à cette première association. Dans
les « tentes » ou les « communes » qui formaient
les sections de combat, on se préparait au
grand soir. Mais, en même temps, on élabo-
rait les théories qui devaient fournir une ossa-
ture au sentiment socialiste. Des intellectuels,
dans ces clubs, gardaient sans doute la haute
main : après Venedy et Schuster, Maurer et
Ewerbeck. Mais on voit apparaître au premier
plan des figures d'ouvriers manuels : H. Bauer,
cordonnier, Roll, horloger, et surtout le tailleur Weitling.

Après l'échauffourée de 1839, où la Fédération des Justes fit le coup de feu à côté de la Société des Saisons, Weitling avait été obligé de fuir en Suisse. Mais K. Marx devait trouver toujours vivant, dans ces officines parisiennes de conspirateurs doctrinaires, le souvenir de l'ouvrier devenu philosophe. C'était lui qui avait écrit en 1838 *L'Humanité telle qu'elle est et telle qu'elle devrait être*, où M. Andler voit comme une première esquisse du *Manifeste communiste*. Deux ans avant que Marx arrive à Paris, il vient de publier les *Garanties*, où l'inspiration fouriériste l'emporte. Marx, un peu plus tard, se montra particulièrement dur pour Weitling. A Bruxelles, quand il voudra imprimer à la doctrine de la Fédération communiste un tour strictement scientifique, il rompra, après une conversation tragique, avec le vieux militant : trop sentimental. Mais, en 1844, Marx admire encore son devancier et il veut faire admirer à tous, dans les œuvres philosophiques du tailleur allemand, « les souliers d'enfant-géant du prolétariat ».

Il va sans dire que Marx, à Paris, ne devait

pas se borner à frayer avec ses compatriotes.
Nous devinons avec quelle passion il s'informa
des chôses de France. Grand liseur, nous dit
Ruge encore, il passe parfois deux ou trois
nuits au milieu des livres. — Il pense à ce moment à écrire une histoire de la Convention —.
Mais, grand causeur aussi, nous connaissons
l'un au moins de ses interlocuteurs habituels :
c'était Proudhon.

Ancien ouvrier imprimeur en passe de devenir un maître polémiste, auteur d'un mémoire
volontairement tapageur sur la *Propriété* et
d'un traité assez obscur sur la *Création de
l'ordre dans l'humanité*, poursuivi puis acquitté
par le jury du Doubs pour sa *Lettre à Considérant*, Proudhon était dès lors comme auréolé
par les premiers feux de la gloire.

Épouvantail des bourgeois, il était pour la
jeunesse révolutionnaire une manière de demi-
dieu. Il faut voir dans les mémoires de Karl
Grün la sympathie passionnée que Proudhon
lui inspire : « Un cœur plein de calme, d'assu-
rance, de gaîté même : un homme beau et
vaillant contre tout un monde... ». « Proudhon

est le seul Français complètement libre de
préjugés que j'aie jamais connu ».

Marx aussi devait fréquenter ce libre esprit,
qui représente pour lui, à ce moment-là, le
Prolétariat parvenu à la conscience de soi-
même. Quand il écrira *la Philosophie de la
Misère*, Marx ne se vantera-t-il pas d'avoir ino-
culé à Proudhon le virus hégélien ? Herzen raconte comment un soir Karl Vogt, en 1847,
lassé d'entendre Bakounine et Proudhon, chez
le musicien Reichel, rue de Bourgogne, dis-
serter sur le système de Hegel, rentre discrè-
tement chez lui. Il revient le lendemain matin
pour emmener Reichel au Jardin des Plantes.
— Que voit-il ? Proudhon et Bakounine, assis
à la place où il les avait laissés, obstinés à poursuivre les débats qu'ils avaient entamés la
veille. Il est probable que, déjà avec Marx,
Proudhon passait ainsi les nuits. Dans ces
deux jeunes têtes géniales, civilisation française
et civilisation allemande se confrontaient, et,
selon le vœu de H. Heine, elles échangeaient
leurs armes.

* *

Chose singulière, ou plutôt, à y réfléchir,
chose trop naturelle : établis en France, ces
intellectuels allemands ne mettent pas longtemps à mesurer avec une clarté aveuglante ce
qu'ils pourraient donner à la France, bien plutôt que ce qu'ils en pourraient recevoir. Ils
accouraient chez elle pour achever de les délivrer. Ils s'aperçoivent qu'ils portent sur eux
de quoi la délivrer elle-même.

La délivrer de la religion, d'abord, ou du
moins de la religiosité. Arracher ces bandelettes
sacrées de traditions et d'aspirations qui continuent de la paralyser sans qu'elle s'en doute.
Ce sera pour les Français le premier bienfait
de la nouvelle Alliance.

Paradoxale ambition, semble-t-il. Quoi ? Le
pays où fut roi Voltaire, on le pense libérer des
survivances religieuses en y important l'esprit
du pays où un Schelling trônait, il y a quelques
années encore, sous la chasuble des repentis ?
Qu'a donc produit alors cette philosophie mili-
tante du dix-huitième siècle, plus dure encore

aux préjugés qu'aux abus, et dont Bakounine vantait les exploits ?

Il faut l'avouer, eussent répondu nos intellectuels allemands : à considérer la France d'aujourd'hui, cette philosophie a fait plus de bruit que de besogne. De tous côtés, après son passage, le préjugé repousse. Börne le faisait observer déjà à Heine trop enthousiaste : « Voltaire n'a pu qu'écheniller l'arbre. Il ne l'a pas déraciné ». Il est plus vivace que jamais. Trop d'esprits viennent dormir à son ombre séculaire.

« Le catholicisme est un tambour sans armée ! » C'est, raconte Ruge, ce qu'aimait à répéter un républicain de mes amis. Mais c'est ce que ne me paraît pas du tout vérifier l'expérience. Plus de 80.000 prêtres, un trésor de guerre où l'État, pour sa part, verse bénévolement 36 millions : n'est-ce pas la preuve plus que suffisante que la religion vit toujours au cœur des masses ? Le pis est qu'elle survit chez ses adversaires. Combien de Voltairiens vont encore à la messe ! Tout au moins, ils restent déistes. Et sans doute leur attachement au préjugé théologique

s'explique en partie — qu'ils s'en doutent ou
non — par leur attachement au privilège économique. Dans la croyance en Dieu ils révèrent
la gardienne de l'ordre actuel. Mais chez ceux
mêmes qui ont à cœur de réformer cet ordre
l'ennemi est logé. Quelques esprits aventureux
ont commencé à mettre en France la question
sociale à l'ordre du jour. Mais voici que ces faux
Prométhées laissent voir la chaîne rivée à leur
pied : ils se révèlent traditionnalistes. Ils se
montrent incapables d'agiter la question sociale
sans y mêler la religion. On peut admirer en
France ce spectacle unique : des chrétiens y
tiennent un langage socialiste et des socialistes
un langage chrétien.

Du moins la secrète ambition de presque
tous ces novateurs est-elle de fonder un « nouveau christianisme ». C'était le vœu suprême
de Saint-Simon. Nombre de ses disciples prirent ce vœu à cœur. Après le Messie, les
Apôtres, et bientôt les Pontifes. On se souvient
des orgies de religiosité dont Ménilmontant fut
le théâtre. Processions solennelles, chants li-
turgiques, prises d'habit, ces polytechniciens

mystiques ne négligent aucun des moyens tra-
ditionnels d'agir sur les sensibilités. Ils ont
senti, après Ballanche, « le vide profond des
âmes ». Ils redécouvrent la nécessité, non seulement de la passion, mais de la croyance, mais
du rite. Véritables « prêtres de Thèbes et de
Memphis », s'écriera Benjamin Constant dans
une apostrophe fameuse.

Quand paraissent les *Annales franco-allemandes*, les apôtres saint-simoniens se sont
dispersés. La plupart sont redevenus ingénieurs ou financiers très pratiques. Heine, un
instant séduit, se venge par des railleries un
peu lourdes. La religion saint-simonienne a
été aussi vite éteinte qu'allumée. « Les saint-
simoniens, dira brutalement Proudhon, ont
passé comme une mascarade ». Du moins leur
passage laisse-t-il dans l'air comme une odeur
d'encens. Beaucoup d'esprits en restent impré-
gnés. Pierre Leroux, que les gravures du temps
représentent les mains jointes, l'air extatique,
veut absolument faire passer à la *Revue des
Deux-Mondes* un article sur Dieu qui lui paraît
de la plus pressante actualité. On se souvient

que Louis Blanc offrit à Ruge le régal d'une
conférence contre l'athéisme. Quinet, avec Mi-
chelet, lutte à corps perdu contre les Jésuites ;
mais il garde le secret désir de réconcilier
ses compatriotes avec l'Évangile. Ruge va
l'écouter au Collège de France. Il en revient
de mauvaise humeur. Cela sent encore la religion.

Bref, l'atmosphère n'est pas purifiée. Le ciel
n'est pas net. Après la tempête et les éclairs de
la Révolution, une sorte de brouillard laiteux
s'est appesanti sur les esprits. A voir se com-
plaire dans les nuages non seulement des foules
encore nombreuses, mais une élite de chercheurs, l'avant-garde du monde moderne, nos
Allemands sont étonnés, navrés, agacés. D'autant plus agacés qu'ils ont en main, leur semble-t-il, avec la nouvelle philosophie allemande,
la véritable outre d'Éole : tous les vents qu'il
faut pour dissiper tous les brouillards.

Pourquoi, au dix-huitième siècle, les philosophes français n'ont-ils pas réussi à réduire
leur ennemi au silence ? C'est qu'ils se contentent de lui lancer des flèches. Ils ne le saisissent

pas corps à corps. Ils restent incapables de paralyser ses mouvements; car ils n'ont pas pris
la peine de dévoiler son âme, de mettre au jour
le secret de sa force. Pour dépasser il faut comprendre. Il appartenait à la philosophie allemande, longtemps enfermée qu'elle a été dans
le cercle des problèmes religieux, de comprendre
à fond la nature et le rôle des sentiments, de
la croyance, de la tradition. *In hoc signo vinces;*
sans les armes que les penseurs d'Outre-Rhin
vous ont forgées, dans leur laborieuse solitude,
jamais votre victoire ne sera définitive.

C'est pourquoi Ruge écrit *Nos dix dernières
années*, ou les plus récentes conquêtes de la
philosophie allemande. Il imagine qu'un jeune
Français, après s'être rendu compte de la
mainmise que garde en son pays l'esprit religieux, lui demande cet aide-mémoire émanci-
pateur. « Les Français sont aussi peu libres
théoriquement que les Allemands le sont pratiquement ». Ruge rappelle donc le système
audacieux de Hegel, et comment, malgré les
conséquences conservatrices que l'auteur lui-
même en tirait, cette dialectique, qui retient

l'attention sur le mouvement perpétuel, et perpétuellement antithétique de l'histoire, constitue la plus éclatante justification de la critique révolutionnaire. Il fait revivre les méthodiques hardiesses de Strauss, récrivant la vie
de Jésus, protestant au nom des textes précis
et des idées nettes contre la trop facile réconciliation de la philosophie hégélienne et de la
tradition chrétienne, montrant enfin dans ces
mythes, où l'on veut voir des vérités éternelles,
les produits spontanés de l'imagination d'un
peuple à un moment déterminé de son histoire.
Mais surtout Ruge veut faire profiter la France
de l' « humanisme » feuerbachien.

Feuerbach uber alles : ces hégéliens délivrés
sont, avant tout, — M. Albert Lévy l'a justement rappelé, — des disciples de Feuerbach. Il
reste pour eux le véritable libérateur. Il a brisé
le charme. Dans l'air saturé d'abstraction où la
Phénoménologie avait fait vivre les esprits,
l'*Essence du christianisme* est comme un coup
de vent frais. Le style est coloré. Sous les idées
les impressions affluent. L'homme se souvient
qu'il a des sens. « Feuerbach, dira Marx, mit

un terme à la guerre des dieux, c'est-à-dire à
cette dialectique des concepts que suivaient les
seuls philosophes ». C'est lui, vraiment, qui fit
descendre la philosophie du ciel sur la terre.
« Faire précéder la nature par l'esprit, s'écriait-
il brutalement, c'est placer le ventre de l'homme
sur sa tête. Le parfait suppose l'imparfait. L'in-
telligible suppose le sensible. Cherchons dans
la réalité la source des idées, non dans les idées
la source de la réalité ».

Fidèle à cette méthode, Feuerbach, quand il
s'attaque aux problèmes religieux, dénonce les
phénomènes de projection, ou, comme il dit
encore, d'extériorisation et d'aliénation dont les
croyances sont les produits naturels. C'est
l'image de ses facultés idéalisées, sous la pression de ses désirs déçus, que l'homme projette
au ciel : Dieu est le miroir de l'homme. La religion est la fille du désir. *Gnôthi seauton :*
Connais-toi toi-même, la vieille devise socra-
tique était le premier titre de l'*Essence du christianisme*. Que l'homme apprenne à se reconnaître dans ses œuvres et à respecter le vrai
créateur des religions, qui n'est autre que lui-

même. « Il faut rendre à l'humanité son essence
aliénée », décrète Feuerbach dans le jargon qui
devait garder si longtemps son prestige chez
les adeptes du « socialisme vrai ». En d'autres
termes, que le bien de l'humanité et non pas
seulement sa dignité, mais son bien-être deviennent dorénavant la fin consciente de vos efforts.
Feuerbach opère ici un retournement analogue
à celui que tente chez nous, presque au même
moment, Auguste Comte : aux aspirations religieuses des hommes, il assigne l'humanité
pour centre. Comme son point d'appui à la
pensée scientifique, l'humanité doit fournir son
point d'attache à la conduite morale.

Ce mot d'ordre répondait, chez les jeunes
philosophes allemands, à des aspirations longtemps comprimées. C'est pourquoi ils l'avaient
accueilli comme une manière de révélation. On
n'aurait plus besoin, donc, de s'attarder aux
réconciliations si souvent tentées entre la raison moderne et les traditions religieuses. Le
mécanisme producteur des croyances est dé-
monté. Le secret est publié. On va pouvoir
enfin penser à autre chose...

Aussi quelle déconvenue quand on s'aperçoit que la France est encore occupée aux rape-
tassages, et qu'elle s'obstine à raccommoder,
pour en habiller jusqu'aux doctrines socialistes, la chape trouée du mysticisme ! On voit que
ces gens-là n'ont pas lu l'*Essence du christianisme*. Engels en Angleterre renvoyait Carlyle
à l'école de Feuerbach ; mais Louis Blanc ou
Quinet en auraient besoin autant que Carlyle.
Décidément ces Welches, livrés à eux-mêmes,
ne vont jamais au fond des choses. Il n'y a que
la philosophie allemande qui soit « radicale » ;
elle seule, parce qu'elle creuse avec patience,
est capable d'extirper des préjugés *radicitus*.
Au total, nulle part l'émancipation théorique
n'est aussi avancée qu'en Allemagne. C'est
donc à nous qu'il appartient de prendre la tête
du mouvement en portant devant nous le fais-
ceau des idées allemandes, et, pour commencer, de trancher les invisibles liens dont les
libérateurs français restent garrottés.

Ainsi un Ruge ou un Grün éprouvent, au contact de la France, la vérité des théories de Börne
et de Heine sur la supériorité philosophique des

Allemands. A mesure qu'ils connaissent mieux
l'esprit français, ils apprécient davantage leur
propre façon de penser. A fouler le sol étranger
ils prennent une plus vive conscience de leur
mission nationale.

* *

Encore restent-ils convaincus que pour
l'adapter à la vie, il importe de transformer
cette philosophie elle-même. Il faut, disait sans
clarté Moses Hess, la faire enfin descendre du
plan de la transcendance à celui de l'immanence
et lui imprimer, par le souci même de l'action,
une orientation nouvelle. Ce besoin de changer de point de vue et de méthode, c'est Marx
qui le sent le premier et l'exprime avec le plus
de décision.

Marx ne tarde pas à être agacé de l'espèce de
magistère philosophique que prétendent exercer ces hégéliens en rupture de ban. A la philosophie superficielle des Français, ils opposent leur philosophie profonde. Mais qui sait
si cette profondeur n'est pas plus apparente
que réelle ? Elle consiste surtout à jeter sur la

réalité un voile de formules toutes faites. On dira avec Hess que l'État et l'Église sont l'essence de l'homme aliénée ; avec Grün, que l'homme doit réabsorber la loi; avec Heine, qu'il faut combattre non pour les droits humains des peuples mais pour les droits divins de l'humanité. M. Andler suggère que le souvenir de pareilles logomachies dicte sans doute aux auteurs du *Manifeste communiste* leur sévères ironies contre le pédantisme du « socialisme vrai »: puérilité pompeuse qui tient le philistin allemand pour l'homme normal.

A quelle date Marx éprouve-t-il le besoin de prendre définitivement position contre cette espèce de mégalomanie des intellectuels allemands ? Dès son séjour à Paris, on saisit la trace des croissantes répugnances qu'elle lui inspire. Il y sent la domination d'une forme d'esprit dangereuse pour lui-même. Ces chaînes que ses camarades portent avec orgueil, il veut les briser pour être sûr de n'en plus porter le poids. Il rompra avec eux pour rompre sans retour avec son propre passé.

En septembre 1844, Engels, revenant d'An-

gleterre, passe quelques jours à Paris, avec
Marx. Les deux jeunes gens s'étaient déjà ren-
contrés à Cologne. Ils avaient constaté entre
leurs esprits d'étonnantes communions d'idées :
mêmes soifs, mêmes nausées aussi... Quand ils
se retrouvent à Paris, leurs expériences déjà
enrichies, une occasion leur est offerte de se
poser en s'opposant. Leur ami Bruno Bauer
avait édité, lui aussi, une revue : *la Gazette universelle*. Il y ralliait, sans les désigner nommé-
ment, l'attitude de Marx et d'Engels. Ils com-
plotèrent une contre-attaque ouverte. C'est
cette contre-attaque qui devint la *Sainte-Famille*,
ou *Critique de la critique critique*. Minutieux
règlement de comptes entre jeunes revues :
page à page les rédacteurs des *Annales franco-
allemandes* suivent, pour en relever les bévues,
les articles de la *Gazette universelle*.

Avec un malin plaisir ils montrent comment,
préoccupés de retrouver partout la royauté de
l'Esprit et de noter les progrès de la conscience de soi, les collaborateurs que Bauer a
endoctrinés ne comprennent pleinement aucune
des manifestations de la pensée contemporaine.

Celui-ci multiplie les contresens sur Proudhon. Celui-là déforme Eugène Sue (*Les Mystères de Paris* obtenaient alors le plus grand succès en Allemagne : un *Verein* de Dames ne s'était-il pas formé pour aider par ses subventions à des réformes sociales conformes aux idées de l'auteur?) En menant cette patiente campagne, Engels et Marx n'ont d'autre prétention, disent-ils dans leur préface, que de défendre, contre le retour offensif de l'idéalisme spéculatif, l'humanisme réaliste : c'est le nom qu'on donnait alors à la doctrine de Feuerbach. En réalité leur effort de réaction va plus loin. Et ce qui fait l'intérêt de ces pointilleuses disputes, c'est qu'on sent les adversaires de Bauer en train de découvrir, avec une sorte de rage concentrée, le danger de l'éducation intellectuelle dont ils ont eux-mêmes reçu l'empreinte.

Lorsque Marx collabore aux *Annales franco-allemandes*, ce mouvement tournant de sa réflexion ne fait que commencer. Marx est encore trop près du moment où, dans la *Gazette rhénane*, il revendiquait le droit, il proclamait le devoir, il semblait s'assigner la

mission de débiter la philosophie en articles
de journaux. (C'est le sujet encore d'une réponse
qu'il adressait à la *Gazette de Cologne*). Du
moins aperçoit-on déjà en quel sens il veut,
avec plus de netteté que Ruge, transformer, par
le souci des questions pratiques, la tradition
philosophique allemande. Dans la critique de
la *Philosophie du Droit* de Hegel, ce n'est pas
seulement au delà de Hegel, c'est au delà de
Feuerbach qu'il entend marquer ses positions.

Dès 1837, dans une lettre à son père, nous
voyons le jeune Marx manifester sa défiance à
l'égard de « l'idéalisme ». Il proteste contre
cette manie de faire planer au-dessus des faits
on ne sait quelles chimères inaccessibles : c'est
dans le donné qu'il entend pour sa part chercher
le rationnel. A ce programme l'enseignement
hégélien devait, en un sens, donner satisfaction. On répète trop que le hégélianisme
n'est qu'un idéalisme éperdu. Il faut s'entendre. Hegel aussi, Hegel, plus que personne, proteste contre le traditionnel divorce
entre l'idéal et le réel. Ce sont les choses,
selon lui, qui racontent la gloire de l'esprit;

c'est dans l'histoire qu'il faut lire le développement de l'idée. Le rationnel est dans le réel. Une impulsion pareille ne pouvait que contribuer à détourner Marx et Engels des fantaisies utopiques.

Il reste que pour expliquer le mouvement dialectique des choses et des êtres — construction, destruction, puis reconstruction synthéthique — Hegel imagine, sous la surface des phénomènes, tout un système de moteurs cachés qui sont les idées. Dans ce sous-sol obscur Marx et Engels ne veulent plus descendre. La réalité sensible leur paraît se suffire à elle-même. A leurs yeux Feuerbach a raison : il faut aller des choses aux idées, et non plus des idées aux choses. C'est en appliquant cette méthode qu'il a pu victorieusement réduire les idées les plus « sacrées » de toutes, les idées religieuses, à d'inconscientes émanations de l'âme humaine.

Mais l'œuvre libératrice de Feuerbach demeure incomplète, et pour la compléter il faut passer enfin du plan de la pensée à celui de l'action. Ce n'est pas le tout d'avoir expliqué comment les nuées religieuses se forment au ciel. Il reste à empêcher que perpétuellement elles s'y reforment. Pour cela ce sont les conditions de la vie sur la terre qu'il importe de changer. Il faut balayer la terre pour purifier le ciel. La religion exprime un manque. (Elle est *das Dasein eines Mangels*). Aussi longtemps qu'il manquera tant de choses à la masse, l'illusion religieuse continuera de peupler l'horizon. C'est ce que Marx explique avec ce luxe de formules sibyllines où il se complaît alors :

« L'État, la Société produisent la religion — cette conscience renversée du monde — parce qu'ils sont eux-mêmes un monde renversé... La religion est la réalisation fantastique de l'être humain, parce que l'être humain ne possède aucune réalité véritable. La lutte contre la religion est donc, indirectement, la lutte contre le monde, dont la religion n'est que l'arome spirituel... Dépasser le point de vue de la religion, bonheur illusoire pour le peuple, c'est réclamer pour ui un bonheur réel. Le presser d'abandonner toute llusion sur sa situation, c'est le presser d'abandonner une situation qui a besoin d'illusions... La religion est un soleil illusoire : elle ne se meut autour de l'homme qu'autant que l'homme ne se meut pas autour de lui-même. »

La « forme profane » de l'aliénation de la personnalité n'est autre que l'organisation sociale qui empêche tant d'hommes de mener une vie vraiment humaine. C'est donc sur cette organisation qu'il faut faire porter l'effort d'une pensée active. « Les philosophes n'ont fait qu'interpréter le monde de différentes manières : or, il importe de le transformer ».

Mais pour le transformer sera-t-il besoin de porter devant soi, comme un ostensoir, un idéal nouveau et de crier une fois de plus « à genoux » à la foule? Non pas. Au point de l'évolution où nous en sommes, la réalité sociale se charge de dicter l'idéal. La méthode qui s'impose n'est plus une méthode dogmatique, mais une méthode critique. La statue gît sous nos pieds, dans la terre : il n'est que de la dégager. Il n'est que de confesser le monde, conclura Marx. Il faut pouvoir lui dire : « Voici l'idéal que dès longtemps tu poursuis. Voici ce pourquoi tu combats en réalité ».

.

A vrai dire, par cette formule, Marx nous
avertit de ne pas nous fier à l'aveuglette à
toute espèce de mouvement d'opinion. Nous le
sentons déjà prêt à se reprendre, à protester
contre des déviations possibles. Il demande à
distinguer. On l'a fait observer justement : en
dépit les apparences, la formule hégélienne,
« tout ce qui est réel est rationnel », ne jus-
tifie pas n'importe quelle situation de fait.
Tout réel qu'il soit, tel gouvernement peut
être déclaré irrationnel, si son développement
n'obéit pas à la logique interne de l'histoire.
De même, aux yeux des hégéliens révolutionnaires, il n'est pas vrai que toute révolution
soit pleinement rationnelle. L'avant-garde
peut se tromper sur les forces en présence.
Elle peut faire fausse route.
Qui sait si Marx n'est pas confirmé dans
cette impression par les spectacles mêmes que
la vie de la France lui met sous les yeux, et
par les souvenirs qu'il fait lever en foulant les
pavés de la Ville révolutionnaire ? On s'est

bien battu ici ; mais s'est-on battu après tout
pour autre chose que pour un changement de
décor ? La France est le pays de l'action. Mais
l'action dont la France offre l'exemple n'est-elle
pas souvent une action toute superficielle ? A
grand effort et à grand bruit, on chasse un roi,
ou même on change de gouvernement. A-t-on
touché pour autant aux causes profondes de la
dépendance des peuples ? En deux mots, c'est
à l'action proprement politique que la majorité
des Français prête le plus d'attention. Marx
comme Ruge constate cette tendance. Ruge
serait tenté d'y céder à son tour. Marx entend
qu'on résiste avec énergie.

Ses défiances vis-à-vis de la politique — ou
du moins sa conviction que la politique n'est
qu'un leurre si elle n'est au service d'un mouvement social — apparaissent avec netteté dans
deux articles qu'il écrivit en 1844 pour libérer
sa conscience. Le premier est dirigé contre
Bruno Bauer : c'est l'article sur la Question
juive qui parut dans les *Annales franco-allemandes*. Le second est dirigé contre Ruge lui-
même et publié par le *Vorwærts* parisien.

De quel droit, demandait Bauer aux Juifs,
réclamez-vous la liberté politique, quand vous
n'avez pas su vous libérer vous-mêmes des
croyances religieuses? Soyez d'abord des
esprits libres, pour qu'on puisse faire de vous
des citoyens égaux aux autres. — De quel
droit, riposte Marx, imposerions-nous aux
Juifs, sous prétexte d'émancipation politique,
de renoncer à leur religion? *Emanciper* est
bientôt dit. Mais de quelle émancipation s'agit-
il? Je me fais fort de prouver, l'expérience
des sociétés modernes en main, d'abord que
pour l'égalité l'émancipation religieuse n'est
pas nécessaire; secundo, que l'émancipation
politique est insuffisante. Un « État de Droit »,
garantissant à tous une égale liberté politique,
peut fort bien se constituer sans que les
citoyens soient forcés d'abdiquer leurs
croyances religieuses : voyez plutôt ce qui se
passe aux États-Unis. Mais surtout quelle
illusion de croire que la constitution d'un État
de droit libère réellement les citoyens! Voyez
plutôt ce qui s'est passé en France. On a proclamé les droits de l'homme. On a renversé les

dernières barrières du monde féodal. Résultat :
sur une poussière d'atomes — d'individus
désorganisés — la concurrence s'est donné
libre carrière. Plus que jamais les forts — entendez : ceux qui disposent d'une puissance
extérieure, d'un capital — ont pu mettre en
coupe réglée les faibles : ceux qui n'ont pour
eux que leurs bras ou leurs talents.

C'est sans doute en ce sens qu'il faut interpréter l'obscure formule de Marx : « A la plénitude de l'idéalisme dans l'ordre politique
correspond la plénitude du matérialisme dans
l'ordre économique ». On voit poindre ici la
pensée que Marx développera largement dans
le *Capital*. « Liberté, égalité..., et Bentham »
s'écriera-t-il : c'est pour les besoins de l'utili-
tarisme commercial, c'est pour le libre fonctionnement des nouveaux ressorts économiques
que l'idéalisme révolutionnaire a fait place
nette. Tant que ces ressorts resteront les
mêmes, tant que l'homme par suite sera
traité comme une chose, vos émancipations,
religieuses ou politiques, ne seront qu'apparence. Vous prétendez libérer les juifs du ju-

daïsme : commencez donc par libérer, de cette
« juiverie » qu'est l'organisation capitaliste,
votre monde chrétien.

Mêmes sons des cloches, plus nerveusement
frappés encore, dans le *Vorwærts* parisien. Ruge
avait consacré un article à l'émeute des tisserands de Silésie. Brutalement réprimée par le
gouvernement, elle avait été bientôt, semble-t-
il, oubliée par l'opinion. D'où vient, se demande
Ruge, cette espèce d'insensibilité de la conscience publique? Sans doute de ce que l'Allemagne reste un pays « impolitique » (*unpoli-
tisch*). Là où la vie politique est peu intense et
manque d'organes, les émotions collectives ne
sauraient guère avoir de répercussions utiles.
C'est pourquoi leurs vibrations s'arrêtent vite.
L'Allemagne est politiquement arriérée : c'est
ce qui l'empêche d'être socialement avancée.—
Erreur, répond Marx. Croyez-vous qu'en Angleterre, où la conscience politique est plus déve-
loppée, les vraies causes du paupérisme se
découvrent plus clairement? On y fait plus
d'efforts qu'ailleurs, au contraire, pour les
cacher sitôt aperçues. Mais surtout mesurez, en

France encore, les déviations dont est responsable la foi dans la « raison politique ». Qui est possédé de cette foi croit à la toute-puissance des volontés arbitraires. Il ne voit pas quelles limites cette volonté rencontre dans la force des choses. Pour remédier aux maux de l'organisation économique, il place sa confiance dans l'État. Mais comment l'État serait-il capable de faire cesser un désordre dont lui-même est le produit normal, puisqu'il a pour fonction essentielle le maintien de l'inégalité ?

Plus tard Marx, réagissant contre les tendances anarchistes que personnifiera Bakouine, insistera sur la nécessité où se trouverait le prolétariat conquérant de mettre la main sur le mécanisme de l'État. Maintenant il insiste sur le danger auquel les prolétaires s'exposent s'ils se laissent prendre les mains à l'engrenage des luttes politiques.

De ce point de vue les ouvriers allemands — précisément parce qu'ils se soucient beaucoup moins de la forme du gouvernement — lui paraissent garder une supériorité sur les ouvriers français. Tout récemment encore les

canuts lyonnais descendaient dans la rue en
invoquant la République. Combien plus pratiques ces tisserands de Silésie qui se contentaient de briser les machines, de brûler les
titres, en un mot d'attaquer directement la propriété ! K. Marx semble voir ici la preuve qu'en
dépit des apparences les ouvriers allemands
sont plus « conscients », comme on dirait
aujourd'hui, que les français. Ils se bornent, eux
du moins, aux gestes essentiels. Leur instinct
leur dévoile le véritable enjeu de la partie. Que
cet instinct s'épanouisse seulement en intelligence, et le prolétariat allemand deviendra tout
naturellement le premier théoricien de la révolution sociale.

Il est donc vrai qu'en Allemagne on ne voit
pas seulement l'idée descendre vers la réalité.
La réalité monte spontanément vers l'idée. Sous
la pression de leur situation économique les
ouvriers travaillent ici à faire passer dans les
faits l'idéal pressenti par les philosophes.

L'Allemagne n'a pas de vocation pour les révolutions politiques, sans doute : elle en a
d'autant plus pour les révolutions sociales. Et

après tout, n'est-ce pas dans le socialisme seulement qu'un peuple philosophe peut trouver une forme d'action vraiment libératrice ?

On le voit : ici Marx n'appelle plus de ses vœux « le chant retentissant du coq gaulois ». Il prête plus volontiers l'oreille aux rumeurs qui viennent d'outre-Rhin, et il y discerne d'incomparables promesses.

Il est très nécessaire somme toute, concluait Ruge, que les Français prennent des leçons des philosophes allemands : à ce prix seulement la France sera libérée des survivances de la religion. Somme toute, il est très nécessaire, pense Marx, que les Français prennent des leçons des ouvriers allemands : à ce prix seulement la France sera libérée des déviations de l'action politique.

Ainsi les exilés toujours, quelque émancipés qu'ils pensent être, se retournent vers la terre natale, et découvrent les meilleures raisons de la présenter à l'admiration du monde...

Il n'en reste pas moins que lorsqu'ils rentrent chez eux ils rapportent d'ordinaire tout un bagage d'idées fécondes. Les fondateurs du so-

cialisme scientifique furent de ces voyageurs
que leurs voyages enrichissent. Les *Annales
franco-allemandes* peuvent faire banqueroute:
dans le cerveau du jeune Marx un « rapprochement franco-allemand » s'est accompli, dont
la trace demeurera sur le système qui va,
pendant des années, servir de centre intellectuel au socialisme international.

MARXISME ET SOCIOLOGIE

Sur quels points y a-t-il convergence, sur quels points divergence entre les principes de la philosophie marxiste, tels qu'ils ont été posés par les prophètes du socialisme scientifique, Marx et Engels, et les tendances de la sociologie proprement dite, telles qu'on les peut dégager des travaux des sociologues contemporains ? Pour répondre par le détail à cette question, une très longue enquête en partie double serait nécessaire. Mais il n'est peut-être pas impossible de pressentir, dès à présent, à quelles conclusions elle aboutirait.

*
* *

Le postulat de toute recherche proprement sociologique, c'est l'idée que le tout social est quelque chose d'autre que la somme de ses parties. L'association réagit sur les éléments associés. Leur union exprime plus que l'addition de leurs propriétés séparées. D'où il suit, comme disait Claude Bernard, que « la connaissance de l'homme isolé ne nous apporterait pas la connaissance de toutes les institutions qui résultent de son association et qui ne peuvent se manifester que par la vie sociale ». Nécessité, donc, d'observer du dehors ces synthèses *sui generis*, dont la seule introspection ne saurait nous faire deviner la forme. De là découlent toutes les règles de la méthode sociologique.

Ce sentiment de l'hétérogénéité, de la nouveauté du fait social par rapport aux faits individuels ne se retrouve pas également chez tous ceux qui ont préparé les voies à la sociologie. Spencer, par exemple, semble quelquefois croire que, pour connaître les propriétés d'un tout, il suffit de connaître les propriétés de ses éléments, plus les lois générales auxquelles le mouvement de chacun d'eux est soumis. Il compare à ce propos le corps social à un tas de briques. Il oublie alors que, si le corps social dif-

fère d'un tas de briques, c'est précisément par
les modifications que ses parties éprouvent du
seul fait de leur rapprochement.

Le sentiment qui paraît manquer ici à Spencer ne manque ni à Marx ni à Engels. Sur ce
point, comme sur tant d'autres, leur attention est
éveillée par Hegel, dont ils appliquent les catégories en les transposant. « Un changement
quantitatif arrivé à un certain degré entraîne un
changement qualitatif » ; c'était un des principes
favoris du maître. C'est ce principe qui amène
ses disciples socialistes à remarquer et les incite
à analyser les faits nouveaux qui paraissent résulter de la réunion des hommes. En défendant
contre les railleries de Dühring la formule hégélienne reprise par Marx, Engels ne se contente
pas de faire observer que la chimie tout entière
en est une vérification éclatante : en faisant varier les seules proportions des éléments en présence, n'obtient-elle pas des composés origi-
naux ? Il ajoute qu'en matière de psychologie
sociale des liaisons analogues se retrouvent
constamment entre les variations de la quantité
et celles de la qualité. Il arrive qu'une gran-

deur donnée permette seule à l'organisation de
produire ses effets : sans un minimum de volume telle structure ne saurait révéler sa vertu.
Napoleon remarquait que si deux Mamelucks
valent trois Français, cent Mamelucks et cent
Français se valent, mais mille Français sont
toujours supérieurs à quinze cents Mamelucks.
Qu'est-ce à dire, sinon qu'un certain nombre
d'unités est nécessaire pour que devienne sensible l'avantage qui résulte de la coordination
des mouvements sous une discipline commune?
Si la quantité est active, on voit clairement, en
matière sociale, que c'est par les « réactions »
qu'elle permet aux unités d'exercer les unes
sur les autres.

Quel usage Karl Marx fait de ce principe, on
s'en rend compte : il domine toute la théorie
qui dénonce, en face du caractère privé que
garde l'appropriation en régime capitaliste, le
caractère social qu'y prend la production. Pour
que la grande industrie pût multiplier ses miracles, il fallait que fût donnée une certaine
quantité de choses et d'hommes : une certaine
somme d'argent, pour acheter et entretenir le

matériel de l'exploitation, et surtout un certain nombre de travailleurs libres, prêts à coopérer. La coopération peut être *simple* ou *complexe*. Dans le second cas elle implique une division du travail ; dans le premier elle se réduit à une accumulation d'efforts. Mais cette accumulation est déjà autre chose qu'une addition pure et simple. Karl Marx s'ingénie à montrer quelles économies de toutes sortes résultent du seul fait que les travailleurs sont nombreux et forment comme un travailleur collectif. Douze maçons font la chaîne : « les vingt-quatre mains du travailleur collectif font passer les pierres beaucoup plus vite que ne le feraient les mains des travailleurs isolés montant et descendant l'échafaudage ». Les mêmes douze maçons simultanément occupés aux différents côtés d'une bâtisse avanceront l'œuvre plus rapidement que ne le ferait un seul maçon en douze jours de travail : c'est que « le travailleur collectif a des yeux et des mains par-devant et par derrière et se trouve jusqu'à un certain point présent partout. »

Mais à ces effets d'ordre en quelque sorte

mécanique il importe d'ajouter les effets d'ordre
moral. Par cela seul que les hommes travaillent les uns à côté des autres, un phénomène
d'entrainement se produit, une « excitation des
esprits animaux » : l'émulation double l'effort.
Belle preuve, ajoute Marx, que si l'homme n'est
pas, comme le veut Aristote, un animal politique, il est du moins un animal social.

Vienne d'ailleurs l'heure de la spécialisation ;
les hommes sont organisés et non plus seulement juxtaposés : alors surtout des valeurs nouvelles sont créées par l'association, alors des
produits plus nombreux s'accumulent, dans un
même temps, à moindres frais. Que la manu-
facture réunisse des artisans divers, naguère
indépendants, ou qu'elle décompose le travail
entre des ouvriers naguère occupés en un même
lieu à la même tâche, toujours est-il qu'elle a
pour résultat de river l'individu à une opération
de détail. Le « Briarée collectif » a désormais
mille mains armées d'outils divers. Et il est
d'autant plus puissant que ses éléments — les
individus — sont plus parfaitement réduits à
l'état d'organes.

Un progrès de plus : les opérations naguère
confiées à la main de l'homme sont accomplies
par des machines-outils, elles-mêmes servies
par des machines-moteurs. Voici le « monstre
mécanique qui, de sa gigantesque membrure,
emplit des bâtiments entiers ». Dès lors la qua-
lification du travail perd de son importance.
L'homme est remplaçable à merci par la femme
ou l'enfant. L'ouvrier est transformé en « appen-
dice de la machine ». L'effort individuel se perd
en quelque sorte dans le mouvement mécanique
de l'ensemble. Plus que jamais le produit apparaît comme un produit sans nom d'auteur, une
œuvre essentiellement collective.

L'intérêt sociologique de la théorie esquissée
ici par Karl Marx, c'est qu'elle pourrait être
généralisée. L'auteur du *Capital* nous montre,
dans l'ordre économique, quelles forces nouvelles naissent des diverses formes que prend
la coopération entre les hommes ; il discerne
dans le produit de l'industrie l'espèce de plus-
value qui est l'œuvre propre du fait social.
Mais il est clair que les surplus ainsi créés ne
restent pas toujours nécessairement des sur-

plus de force matérielle. Le fait social peut en-
gendrer d'autres valeurs que celles qui s'incorporent dans les articles de fabrique. Marx n'a
fait ici qu'une application particulière d'un
principe qui dépasse le cercle de la vie-écono-
mique.

.·.

Il faudrait en dire autant de la théorie de la
circulation qu'il annexe à sa théorie de la production. Ce que Marx explique ici, à propos de
la marchandise, c'est comment une « chose sociale » se constitue, et à la suite de quelles mé-
tamorphoses elle se dresse, comme il dit, devant les individus. Un quintal de froment et un
kilogramme de fer, une table ou un habit, si je
les considère comme des objets de commerce,
sont des choses dont la réalité ne tombe pas
tout entière sous les sens. A côté de leur valeur
d'usage, qui est déterminée par leur forme
même, elles possèdent une valeur d'échange :
c'est-à-dire qu'il se retrouve en elles un élément
commun, indépendant de leurs formes particu-

lières et susceptible d'évaluation quantitative.
Cette substance, cause de la valeur d'échange,
n'est autre, selon Karl Marx, que la quantité de
travail moyen qui se cristallise en quelque sorte
dans l'objet. Ainsi, derrière les choses, cher-
chez les hommes ; et derrière les individus,
l'homme-moyen. L'objet n'a qu'une valeur d'em-
prunt. Lorsque vous lui prêtez une valeur en
soi, vous hypostasiez dans une chose les résultats d'un rapport d'activités : « fétichisme ».
« C'est un rapport déterminé des hommes entre
eux qui revêt ici pour eux la forme fantastique
d'un rapport des choses entre elles. »

Sur la portée économique de cette théorie,
nous n'avons pas en ce moment à nous prononcer. Marx y élimine, pour déterminer la valeur
réelle des objets d'échange, toute influence
« extrinsèque », comme serait par exemple
celle de l'offre et de la demande : c'était se
condamner peut-être, a-t-on fait remarquer, à
n'obtenir qu'une théorie tout abstraite, tout
idéale de la valeur [1]. Mais quand on réintégre-

---

1. Voir BENEDETTO CROCE, *les Interprétations récentes de la*

BOUGLÉ. 13.

rait les facteurs négligés dans le I⁰ʳ volume du
Capital — comme Marx lui-même devait le
tenter dans le III⁰ volume — on n'enlèverait
pas à la conception marxiste de la circulation
ce qui en fait à nos yeux l'intérêt sociologique. Quand elle devrait faire entrer en ligne
de compte la mesure des besoins à côté de
celle des efforts, il reste qu'elle nous montre
les choses prenant une apparence de vie propre
par l'effet des rapports plus ou moins complexes que les hommes soutiennent les uns
avec les autres. Elle nous fait assister, comme
le dit Marx en termes qui lui viennent de
Feuerbach, à des phénomènes de projection,
d'aliénation, d'extériorisation.

Il est évident que des explications du même
genre pourraient s'appliquer à d'autres « mystères » qu'au mystère de la marchandise.
Marx l'a noté lui-même à propos de la religion.
Et ce n'était que justice : s'il est vrai que les
idées marxistes sur la genèse de la valeur

théorie marxiste de la valeur, dans *Matérialisme historique et Économie marxiste*, pp. 207-234.

G. SOREL, dans le *Journal des économistes*, n⁰ du 15 mai 1897.

marchande sont avant tout une transposition
des idées feuerbachiennes sur la genèse des
dieux [1]. Les produits du cerveau humain eux
aussi, observe Marx, prennent l'aspect illusoire
d'êtres indépendants. Mais il n'y a aucune raison pour réserver le privilège de ces métamor-
phoses aux produits proprement religieux.
Entre les croyances religieuses et les valeurs
marchandes, différentes espèces de choses
sociales peuvent s'étager, elles aussi « projec-
tions » des rapports que les hommes soutiennent les uns avec les autres.

C'est ainsi que l'analyse de leurs théories
économiques révélerait, chez Marx et chez
Engels, la survivance d'un certain nombre de
notions philosophiques — qu'elles leur
viennent de Hegel ou qu'elles leur viennent de
Feuerbach, — propres à leur ouvrir les yeux
sur les phénomènes qui résultent des modalités
du groupement humain, tant sur les forces qui
s'en dégagent que sur les formes qu'elles pro-
jettent.

1. Voir A. LÉVY, la Philosophie de Feuerbach et son influence
sur la littérature allemande, 2ᵉ partie, chap. III.

Mais tireront-ils tout le parti voulu de ces suggestions ? Le matérialisme qui aura leurs préférences ne va-t-il pas s'interposer, comme pour fermer les perspectives sociologiques qu'ils avaient eux-mêmes ouvertes ?

.·.

Le matérialisme de Marx et d'Engels ne nie nullement, comme on a paru quelquefois le croire, que la vie économique, et d'une manière plus générale la vie sociale, ne suppose une vie psychique. Bien plutôt pourrait-on retrouver, sous leurs formules mêmes, cette notion que les faits sociaux sont en dernière analyse des faits de conscience.

Sans doute Engels répétera dans l'*Anti-Dühring* — qui fut, comme l'on sait, revu et complété par Marx — que comme l'homme est un produit de la nature, la pensée est un produit du cerveau. En ce sens ce n'est pas seulement à l'empirisme, mais bien, quoi qu'on en ait dit, au matérialisme proprement dit que le socialisme scientifique s'efforce de se ratta-

cher [1]. Il reste que, entre l'affirmation métaphysique que formulent ainsi ses fondateurs et l'explication qu'ils fournissent de la dialectique de
l'histoire il y a une solution de continuité. Ils
n'ont pas tenté les réductions que le matérialisme exigerait. Et puis, quand bien même les
images ou les idées se laisseraient réduire à des
modes du mouvement, elles n'en apparaîtraient
pas moins, dans le matérialisme historique,
comme des intermédiaires nécessaires. Marx
et Engels ont « naturalisé » le règne social, a-
t-on dit. Soit ; mais sans jamais méconnaître,
du moins, ce qui distingue les processus humains des processus naturels. « Les hommes
font leur histoire », répètent-ils. Et Engels ira
jusqu'à dire que dans l'évolution de la société —
au rebours de ce qui arrive dans l'évolution de
la nature — « rien ne se fait sans dessein conscient, sans but voulu ». C'est que les éléments de l'organisme social sont des êtres
doués de conscience, « agissant par passion ou

---

1. Voir à ce propos les remarques de B. ERDMANN, *Die
philosophischen Grundlagen der materialistischen Geschichtsauffassung*, dans le *Jahrbuch für Gesetzgebung*, 1097, pp. 1-57.

par réflexion, et poursuivant des buts déter-
minés ».

Toutefois, sitôt cette concession faite, Engels
va en atténuer l'importance. Il va montrer que
quiconque veut découvrir la loi de l'évolution
sociale a peu à attendre d'une psychologie qui
lui ouvrirait ce monde intérieur. Car c'est
avant tout un monde d'apparences illusoires.
Ces fins ne sont pas les causes agissantes. Ces
mobiles ne sont pas les raisons suffisantes des
événements historiques. L'activité consciente
des hommes entraîne des conséquences im-
prévues ; et elle obéit à des causes cachées,
inaperçues ou inavouées.

Vous visez un but : vous atteignez un résultat tout autre. C'est suivant Engels la règle en
matière sociale. Les fins qui attirent les individus divergent : mais, en raison même de ces
divergences, leurs tendances se neutralisent.
« Ce que chacun veut est contrarié par chacun
des autres, et ce qui arrive c'est quelque chose
que personne n'a voulu. » C'est pourquoi sans
doute les résultats de l'histoire seraient si sur-
prenants, le plus souvent, pour ceux mêmes

qui les ont préparés. Dans la grande fermentation du dix-huitième siècle, bourgeois et gen-
tilshommes, magistrats et gens de lettres suivent chacun leur idée. On les eût bien étonnés
les uns et les autres si on eût dressé devant
leurs yeux l'échafaud de la Terreur, et derrière
lui, le trône de Napoléon. Luther ne se doutait
pas, dira M. Labriola [1], qu'il travaillait pour
l'avenir du Tiers-État. Les hommes sont les
ouvriers d'une œuvre dont les grandes lignes
leur restent cachées. Finalement des influences
générales l'emportent, dont personne peut-être
ne se rendait compte. Et c'est pourquoi sans
doute, dans l'histoire humaine, toute traversée
qu'elle soit d'éclairs de conscience, des lois se
manifestent, analogues à celles que suit la marche de l'aveugle nature.

Si d'ailleurs des convergences se révèlent,
lorsque les actions des individus déroulent leurs
conséquences, c'est sans doute qu'à l'origine
de leurs actions les mêmes impulsions se retrouvent, où se révèle la force des situations aux-

1. *Essais sur la conception matérialiste de l'histoire*, p. 116.

quelles ils sont soumis. « Tout ce qui meut les hommes doit passer par leurs têtes, mais la forme que revêtent les choses en y passant dépend beaucoup des circonstances. » Derrière les tendances conscientes il faut chercher les véritables forces motrices, c'est-à-dire les causes historiques qui se transforment en mobiles d'actions. Or nos mobiles sont bien loin de nous révéler toujours le fond dont ils émergent : ce sont des fleurs qui ne laissent pas voir leur tige.

Faut-il donc dire que les *treibenden Mächte* sont des forces inconscientes ? M. Andler fait remarquer à ce propos que M. Labriola, dans son commentaire du matérialisme historique, force sans doute la pensée marxiste. Marx n'est pas Hartmann. Et l'on ne trouve chez lui, semble-t-il, aucun appel aux puissances obscures de l'âme subliminale [1].

Toutefois, dans les écrits de Engels du moins, on relèverait plus d'une expression propre à laisser croire que le ressort des res-

---

1. *Revue de métaphysique et de morale*, 1897, p. 651.

sorts demeure le plus souvent dans l'ombre.
En tous cas les vraies raisons des mobiles restent inaperçues ou inavouées. Les motifs que
l'homme assigne à sa conduite, pour les autres
ou pour lui-même, ne sont souvent que des
prétextes. L'historien qui s'y tiendrait écrirait
l'histoire à coups de fictions, volontaires ou
involontaires. Et c'est pourquoi Hegel, s'il
avait tort de se figurer les moteurs de l'histoire
sous la forme d'Idées qui ne sont que des
schèmes abstraits, avait raison de représenter
les hommes comme des serviteurs aveugles de
forces qui les dépassent.

Si cet illusionisme, comme dit M. Masaryk[1],
constitue l'essentiel du matérialisme historique, beaucoup de sociologues devraient alors
s'avouer matérialistes. Car il est clair qu'un
des postulats de leurs recherches est que les
fins consciemment poursuivies par les individus ne sont pas les causes suffisantes de l'évolution sociale. Les théories qu'esquisse Engels
sur la neutralisation réciproque des tendances

1. *Die philosophischen und sociologischen Grundlagen des Marxismus*, p. 184.

individuelles et l'imprévisibilité de leurs conséquences se retrouvent développées sous des
formes diverses dans la littérature sociologique.
Coúrnot montrait déjà comment, par le seul
frottement des individus, le mécanique tend à
prévaloir sur l'organique, l'universel sur le
particulier : à la limite une « physique sociale »
apparaît comme possible. Wundt insiste sur ce
qu'il appelle l'hétérogonie des fins. Il observe
que la raison pour laquelle nous respectons
une coutume n'a rien de commun, le plus souvent, avec la raison pour laquelle elle a été
instituée. Autour de la place où a disparu la
pierre, des cercles concentriques vont s'élar-
gissant. Les effets imprévus de l'institution
initiale se multiplient, en fournissant aux
hommes de nouveaux motifs d'action. C'est
dire que l'essentiel au point de vue social,
dans les actes humains, c'est ce qui les dépasse
en sortant d'eux : les conquêtes que personne
n'a voulues sont de celles qui enrichissent le
plus la civilisation.

Que d'ailleurs les raisons que se donne
l'homme pour expliquer sa conduite expriment

rarement les causes véritables des institutions,
c'est un point sur lequel s'accordaient la plu-
part des sociologues. Contre les « historiens |
historisants » ils maintiennent que la défiance
à l'égard des motifs avoués — fussent-ils expli-
citement formulés dans vingt documents — est
une précaution de méthode qui s'impose. Ce que
l'individu pense des causes ou des fins d'une
pratique collective qu'il respecte peut avoir son
intérêt ; c'est un symptôme entre autres, et dont
il sera bon de tenir compte. Mais il serait vain
de lui réserver une valeur privilégiée. Pour découvrir les véritables raisons d'être des institutions, il faut mener plus loin et faire remonter
plus haut une enquête objective. C'est ce que
M. Durkheim exprime en déclarant que le point
de vue anthropocentrique n'est pas plus fondé
en sociologie que dans les autres sciences natu-
relles[1]. Il est donc vrai que dans nombre de
cas les causes initiales sont inaccessibles à l'introspection. Les ressorts des ressorts, comme
le voulait Engels, restent cachés.

1. Voir la *Revue bleue* du 86 mai 1909, p. 649.

Où les applications de ce principe sont les
plus frappantes, c'est lorsqu'il s'agit des rapports de la morale et de la science des mœurs.
La sociologie prend volontiers, ici, une attitude
tout à fait différente de celle de la philosophie
traditionnelle. Les conceptions morales, les
principes, les systèmes, par lesquels la conscience s'efforce de justifier les obligations qui
s'imposent à elle, on cesse de leur assigner la
première place et de leur reconnaître un rôle
de direction. Outre qu'elles acculent le plus
souvent l'esprit à des contradictions insolubles,
elles ne font que traduire plus ou moins parfaitement en langage intellectuel les exigences
d'une société donnée. De cette réalité sous-
jacente la conscience reçoit les inspirations
sans en posséder une vue complète et précise :
la nappe nous reste cachée, qui alimente le
puits intérieur. Et c'est pourquoi il est vain de
demander à la seule conscience une science
véritable de la morale. Les ethnographes nous
fournissent, des pratiques religieuses en Aus-
tralie ou des mœurs domestiques en Chine,
une explication que Chinois ou Australiens ne

soupçonnent nullement. Ainsi la « nature
morale » des sociétés où nous vivons, pour
familière qu'elle nous soit, peut rester pour
nous, sur bien des points, une *terra incognita*.
C'est pourquoi il importe de renoncer définitivement à ce que M. Lévy-Bruhl appelle l'anthro-
pocentrisme moral. La science « loin de ramener
l'ensemble de la réalité sociale à la conscience
comme à son centre, rendra compte au contraire de chaque conscience morale par l'ensemble de la réalité sociale dont cette conscience
fait partie, et dont elle est à la fois une expression et une fonction[1] ». Des explications auxquelles on peut aboutir par ce changement de
point de vue, M. Durkheim nous offre quelques
exemples, lorsqu'il nous avertit que la crise
actuelle de la morale tient moins au désarroi
des idées qu'à la façon dont est organisée chez
nous la division du travail : l'incertitude des
consciences révèle moins l'insuffisance des
théories philosophiques qu'une désharmonie
dans la structure de la société. De même ce

1. *La Morale et la science des mœurs*, p. 207.

serait par un défaut d'intégration — les groupes manquant, qui sont propres à contenir en même temps qu'à soutenir l'individu — non par la propagande des doctrines pessimistes que s'expliquerait la multiplication des suicidés [1]. Le malaise des consciences traduit à sa façon une maladie du corps social.

Or n'est-ce pas à des préoccupations analogues qu'obéit Karl Marx lorsqu'il rappelle que la morale ne condamne que ce que l'histoire a déjà condamné? Il ne tient les sentiments moraux pour dignes d'intérêt, c'est-à-dire pour capables de conséquences que lorsque leur mouvement correspond à quelque changement profond dans la structure sociale elle-même. Si le *Manifeste communiste* s'élève avec tant de force contre le socialisme idéaliste, c'est que celui-ci paraissait croire qu'on peut changer, à force de prédications, l'orientation de la conscience collective. Des aimants singulièrement plus puissants, cachés dans les faits économiques, gouvernent ses démarches par

1. La *Division du travail social*, conclusion. *Le Suicide*, conclusion.

leurs déplacements automatiques. Sur ce terrain même il faut aller du dehors au dedans, de
l'être à la conscience. Ce que Hegel disait des
systèmes philosophiques est donc vrai aussi
des sentiments moraux : « La chouette de Mi-
nerve ne prend son vol qu'à la tombée du jour ».
Post factum : l'idée morale suit et traduit le fait
social. Et il importe que les conditions de fait
aient été préalablement réunies pour que se fasse
jour un véritable sentiment de masse, seule puissance qui mérite d'être prise en considération.

Jusqu'à ce point il semble que l'accord subsiste : le marxisme a posé le problème dans les
termes mêmes où, pour spécifier sa position par
rapport à celle de la psychologie individuelle,
se plaît à le poser aujourd'hui la sociologie
objective. Mais que pensera-t-elle de la solution, et de ce qu'on peut appeler la partie posi-
tive du marxisme ?

L'explication que proposent Marx et Engels
de toute idéologie est une explication « matérialiste », Que signifie cette expression ?

Elle prête à l'équivoque, on l'a répété bien
des fois[1]. Au fond, elle signifierait simplement,
selon M. Labriola, que le marxisme tend au
monisme. Il vise à fournir des choses sociales
une explication unitaire. Il refuse de voir dans
les mouvements de la société les effets de la
lutte de deux éléments, esprit et corps, ou de
la collaboration d'un nombre plus ou moins
grand de facteurs — économique, religieux, politique — qui formeraient, comme disait M. G.
Deville, une sorte de syndicat. Il n'y a qu'une
vie, dont les besoins commandent toutes les
fonctions de la société. Tout se tient dans cet
organisme. Et ce n'est que par une abstraction
dangereuse qu'on y sépare les organes les uns
des autres. Leur fonctionnement même suppose
leur interdépendance. C'est par-dessus tout
cette réciprocité d'action que les affirmations
de Marx et d'Engels ont eu le mérite de mettre
en lumière, en rattachant le cours même des
idées à « l'intégralité » du mouvement social.

1. *Marx Studien* I (*Kausalität und Teleologie im Streite um die
Wissenschaft*, par Max Adler), pp. 289, 297, 299. — WEISENGRÜN,
Der Marxismus und das Wesen der sozialen Frage, p. 53.

Si le marxisme s'en tenait là, on pourrait soutenir encore que sa tentative répond aux desiderata de la sociologie. Et, en effet, si l'on s'est efforcé de constituer une sociologie proprement dite, c'est qu'on éprouvait le besoin de coordonner en même temps que de compléter les recherches des diverses disciplines historiques : on voulait « intégrer » en même temps que comparer [1]. Pour hâter la constitution des types et l'établissement des lois il fallait, non seulement rattacher les unes aux autres les différentes familles de faits historiques, mais les ordonner toutes en fonction de la réalité sociale qui les supporte. Le « sociologisme » est au premier chef une réaction contre le spécialisme.

Mais il est trop clair que le marxisme ne se borne pas à ce précepte de méthode. Il ne signale pas seulement l'interdépendance des phénomènes sociaux. Il s'efforce de déterminer leur hiérarchie. Et au fond n'y distingue-t-il pas des facteurs, pour pouvoir subordonner les uns aux autres ? Non content, du moins, d'affirmer

1. Voir les préfaces de l'*Année sociologique*, t. I et II.

BOUGLÉ. 14

en principe l'unité de la vie sociale, il amène au jour les causes profondes dont ses variations sont les effets, la substance véritable dont tout le reste n'est que l'accident.

Veut-on savoir la véritable nature de cette substance-cause ? Il ne faut pas s'en tenir, sans doute, aux associations d'idées qui gravitent autour du mot « matériel ». Qu'on se reporte aux thèses de Marx sur Feuerbach. On y trouvera l'esquisse d'un commentaire métaphysique de la formule qui termine le *Faust* de Gœthe. Ce que Marx reproche avant tout au matérialisme traditionnel, c'est d'avoir conçu les choses sous la forme de l'objet, non sur le type de l'action. Il est fâcheux qu'on ait laissé à l'idéalisme le culte des forces actives. Au vrai c'est par l'action, non par la connaissance théorique, que l'homme pénètre les choses, que l'esprit communie avec le monde. Et la question de savoir si la pensée humaine comporte une vérité objective est une question qui se résout par la pratique. Ainsi la pensée profonde du marxisme, selon M. Andler [1], con-

1. *Commentaire du manifeste communiste*, pp. 86, 207.

sisterait dans l'affirmation de « la solidarité complète de la théorie et de la pratique ». Il faut aller de l'être à la conscience. Traduisez : il faut aller de l'action à la pensée. En pressant un peu ces formules, on arriverait aisément à montrer dans Karl Marx un authentique ancêtre du pragmatisme [1].

Mais le pragmatisme marxiste veut être spécifié. Et il faut se rappeler de quelle sorte d'action il est par-dessus tout préoccupé. C'est de l'action qui entretient la vie, de celle qui fait subsister l'individu et durer l'espèce, de celle qui assure en un mot la satisfaction des besoins matériels. Quand il rapprochera des découvertes de Darwin celles de son ami, Engels le louera d'avoir insisté sur « ce simple fait — jusqu'ici caché sous les couvertures de l'idéologie — que les hommes avant tout doivent manger, boire, se loger, se vêtir avant de pouvoir s'occuper de politique, de science, d'art, de religion ; qu'ainsi la production des moyens de

---

1. Voir à ce propos la tentative de M. Sorel : Discussion sur le *Matérialisme historique* dans le *Bulletin de la société française de philosophie*, mai 1902.

vie immédiats et matériels, et par suite le degré d'évolution économique d'un peuple ou d'un
temps forme la base sur laquelle se sont déve-
loppés les institutions d'État, les conceptions
juridiques, l'art et même les représentations
religieuses des hommes en question ». *Primo
vivere*. C'est cette fin qui est poursuivie avant
toutes les autres, et à travers toutes les autres.
Le réalisme des économistes, qui nous remettent en mémoire ces nécessités vitales, fait utilement contrepoids, sur ce point, aux spécula-
tions d'un idéalisme utopique.

Mais à vrai dire, si l'on veut trouver la cause
déterminante de l'évolution sociale, c'est moins
dans la fin poursuivie qu'il la faut chercher que
dans les moyens employés. La fin reste la même;
les moyens varient. Ce sont eux qui en variant
changent, non seulement la face de la terre,
mais jusqu'à l'âme des sociétés. En transfor-
mant les choses par l'industrie, l'homme ne vé-
rifie pas seulement ses hypothèses, il transforme jusqu'à ses rêves. Ainsi le mode de
production passe au premier plan et marque tout
de son empreinte. Dis-moi, non seulement ce que

tu manges, mais surtout comment tu gagnes ta
vie : je te dirai qui tu es et ce que tu penses.
L'action mène la pensée, affirmions-nous. Cela
revient à dire que la production matérielle retentit sur la production intellectuelle elle-même.
Montrez seulement à Marx l'outillage d'une
époque ; et comme Cuvier reconstituait sur la
vue d'un os l'organisme entier, Marx se fera
fort de reconstituer la société entière, non seulement dans son corps, mais dans son esprit.
C'est donc bien dans le matériel des sociétés,
c'est dans les outils, les appareils, les machines
que sont logées les véritables forces créatrices
de l'organisation sociale. Les répercussions,
directes ou indirectes, des inventions modèlent
les institutions. C'est ainsi que le pragmatisme
marxiste devient, par l'entremise de l'analyse
économique, un technicisme. Le noyau du matérialisme historique, c'est la croyance à ce
qu'on pourrait appeler l'automatisme technolo
gique.

Matérialisme singulier, sans doute. Il sus-
pend l'évolution sociale aux découvertes et aux
inventions. Qu'il s'agisse des trouvailles du

chercheur isolé ou des conquêtes méthodiques
de la science organisée, ce sont donc les plus
hautes initiatives de l'esprit qui déclanchent le
mouvement de l'histoire. Marx est loin de méconnaître ce rôle de la pensée humaine. N'est-
ce pas lui qui note que le pire architecte se distingue, par l'idée qui plane devant ses yeux, de
la fourmi la plus adroite ? L'homme, disait
Franklin, est par excellence l'animal faiseur
d'outils. Seul, observera Kautsky[1], il se montre
capable de produire des moyens de production.
Le milieu où vivent et se meuvent les societés
est donc un milieu humain autant et plus qu'un
milieu naturel : au vrai c'est un milieu artifi-
ciel. A Owen qui répétait que les circonstances
font l'homme, Marx objectait que l'homme aussi
fait les circonstances. Il importe de ne pas oublier ce trait lorsqu'on rapproche, comme on
l'a fait tant de fois, la théorie marxiste de la
théorie darwinienne, et lorsqu'on répète que
Marx a naturalisé l'histoire humaine. Sans
doute, Marx le dit lui-même, le développement

1. *Ethik und materialistiche Geschichtsauffassung*, p. 79 sqq.

de la société est assimilable à la marche de la nature : ici comme là se révèlent des lois. Mais les causes ne sont pas du même ordre. Le darwinisme peut être regardé lui aussi comme une technologie : ne considère-t-il pas les organes, dont il explique la formation, comme autant de moyens de production pour la vie des animaux ? Mais l'histoire des organes productifs de l'homme social met en jeu de tout autres forces. L'outil, la machine-outil, la machine motrice sont autant de matérialisations de l'esprit.

Si la théorie répond pourtant en quelque mesure à une tendance que l'on peut qualifier, — par opposition aux tendances rationaliste ou intellectualiste, — de matérialiste, c'est parce qu'elle insiste sur tout ce qu'il y a d'imprévu, d'involontaire, de fatal dans la suite des mouvements historiques une fois déclanchés. L'intelligence crée consciemment l'outil. Mais lorsqu'on envisage les contre-coups divers de sa création, il est permis de dire qu'elle ne savait pas ce qu'elle faisait. Le matériel de la société une fois construit réagit de lui-même, comme mécaniquement, sur la société, et à

travers la société sur l'esprit. Ainsi, par un
retour imprévu, le modificateur sera modifié;
le créateur créé. L'invention, la découverte
sont les témoignages éclatants de la liberté
humaine : il est écrit pourtant que l'homme
deviendra prisonnier de leurs lointaines conséquences. La technologie tout entière illustre
le thème de Gœthe : l'apprenti sorcier déchaîne
des puissances magiques dont il n'est plus le
maître (1). Qu'est-ce que la force propre des
idées, au prix de la force des choses qu'elle
met en branle par la magie de l'industrie ?

A quelles explications ingénieuses peut mener l'hypothèse technologique ainsi définie,
l'expérience l'a prouvé. Non seulement des
penseurs socialistes se sont efforcés de préciser
sur ce point la pensée des maîtres : M. Sorel
par exemple nous explique, par la nature des
spectacles que l'industrie leur met sous les
yeux, le caractère des théories de Darwin sur
la sélection ou celles de Spencer sur l'héré-

1. C'est la comparaison, lancée par Sismondi le premier,
que le *Manifeste communiste* applique à l'œuvre de la bourgeoisie industrielle.

dité [1]. Mais encore, indépendamment de la tradition socialiste, des chercheurs ont rencontré un
certain nombre de relations analogues à celles
que signalaient Marx et Engels. La notion des
répercussions indéfinies des inventions n'est-
elle pas le centre du livre de M. Lacombe, sur
l'*Histoire considérée comme science?* Par l'analyse des conséquences non seulement matérielles, mais intellectuelles et sociales du feu
— depuis l'extension des ressources alimen-
taires jusqu'au rehaussement de la condition
des femmes — il montrera par exemple qu' « aucune des révolutions religieuses, aucune des
révolutions politiques accomplies depuis le
commencement de l'histoire n'est comparable
pour l'ampleur des résultats à cette invention ».
Dans les *Origines de la Technologie* M. Espinas
s'efforçait, de même, de prouver par une histoire nouvelle de la philosophie grecque que
les bâtisseurs de systèmes demandaient incon-
sciemment leurs modèles aux *organa* qu'ils
avaient sous les yeux. Bien plus, ce n'est pas

1. Voir le *Mouvement socialiste* d'octobre et décembre 1907.

seulement sur les produits de la vie de l'esprit, c'est sur ses instruments intérieurs, sur ses facultés, sur ses catégories qu'on prétend relever l'empreinte des habitudes pratiques et en particulier des traditions techniques. Si nous sommes si facilement mécanistes, dira M. Bergson dans l'*Évolution créatrice*, c'est que nous sommes depuis longtemps mécaniciens.

Mais ce ne sont pas ces actions directes de l'instrument sur l'entendement qu'étudient Marx et Engels. A leurs yeux, les formes matérielles créées par l'esprit ne réagissent sur lui qu'à travers certains intermédiaires, qui sont des formes sociales. Les classes, les premiers produits du mode de production, sont aussi les nécessaires moyens de son action sur toute l'idéologie. De la façon dont le travail est divisé entre les hommes dépend la manière dont ils se groupent, et de celle-ci leurs espoirs ou leurs craintes, leurs croyances et leurs doctrines. La philosophie de l'outil, chez Marx et

Engels, a pour prolongement immédiat leur théorie des classes.

Et c'est sans doute encore une tentative conforme aux tendances de la sociologie que cet effort pour découvrir l'intermédiaire, grâce auquel les choses gouvernent les idées, dans les transformations de la réalité sociale elle-même. Mais comment le socialisme scientifique se représente-t-il cette réalité sociale, ses rapports avec les phénomènes qui causent ses mouvements, ou la manière dont elle porte ses effets ? C'est sur ces points peut-être qu'il y aurait lieu d'élargir ou de rectifier les conceptions marxistes.

Et d'abord est-il légitime de présenter le phénomène social comme une sorte de doublure du phénomène matériel, la différenciation des hommes comme un produit du mode de production ? Faut-il admettre en d'autres termes, selon la formule fameuse, que le moulin à bras « donne » une société avec suzerain féodal, le moulin à vapeur, une société avec capitaliste industriel ? C'est contre cette partie de la théorie qu'ont porté, on le sait, les critiques les plus

décisives. Les discussions méthodologiques de
M. Stammler[1] ont établi qu'il fallait distinguer
entre la forme et la matière de la vie sociale,
entre la règle juridique et l'activité économique,
et que celle-là n'est pas simplement une secré-
tion de celle-ci. C'est dire que la façon dont les
hommes sont hiérarchisés n'est pas nécessairement déterminée par celle dont leur travail
est organisé. Il importe de distinguer nettement, comme le propose M. Simiand[2], entre la
forme et le régime de la production, celui-ci
désignant « les institutions de la production
économique définies et classées selon les relations juridiques et sociales qui les caractérisent », celui-là désignant « les institutions de
la production économique définies et classées
selon les relations technologiques ou morpho-
logiques qui les caractérisent ». On s'aperçoit
alors que les variations des formes et celles
des régimes, celles de l'outil et celles de la loi
sont souvent indépendantes. « Le même soc

1. *Wirtschaft und Recht nach der materialistischen Geschichtsauffassung.*

2. Voir *Année sociologique*, t. IV, p. 514 ; V. p. 492.

avec.lequel labouraient déjà les esclaves ro-
mains et les moines carolingiens, sert encore
au paysan d'aujourd'hui [1] ».

Au vrai, lorsque les hommes se répartissent
les tâches, une certaine réalité sociale est toujours donnée, dont les tendances préalables
pèsent sur la répartition elle-même. Les situations déterminent les fonctions. L'épée, disait
Dühring, jette son poids dans la balance : c'est
la force qui crée les classes. Et sans doute, pour
que cette théorie recouvrit tous les faits, il faudrait entendre la catégorie de la force au sens
très large, et y faire rentrer toutes les formes
du prestige. Tout le mécanisme social, disait
Auguste Comte, repose en dernière analyse sur
des opinions. Cela est vrai surtout, sans doute,
des mécanismes primitifs. Toujours est-il que
ce ne serait pas à une cause unique, d'ordre
technique, que serait due la forme de l'organisation sociale, mais à la rencontre et à la com-
binaison d'influences diverses.

Et si les unes dérivent en effet plus ou moins

1. ANDLER, *Revue de métaphysique*, art. cit., p. 659.

directement des besoins matériels — qui se
réduisent en fin de compte à une masse de
besoins individuels — les autres expriment un
besoin d'ordre et de régle, qui constitue un
besoin proprement social. Il reste donc que la
technique n'est pas la mère du droit. Les inventions à elles seules ne sauraient créer les
institutions. Ce qui revient à dire, en d'autres
termes, que les formes sociales ne découlent
pas des formes matérielles.

Mais, abstraction faite de ces questions d'origine, lorsque les marxistes nous montrent à
l'œuvre les formes sociales qui sont à leurs
yeux les formes essentielles — les classes —
poussent-ils assez loin l'analyse?

Lorsqu'ils dénoncent l'effort de celles qui
dominent pour faire régner dans la société les
idées propres à assurer leur domination, il serait aisé de relever, dans le langage de Marx
et d'Engels, des traces de finalisme. Ils escomptent des effets d'une « volonté de classe »,
dont on dirait qu'elle vise son but et sait sa
mission. Ainsi sont transposés, semble-t-il, à
l'usage des classes, les concepts dont Hegel

usait pour les races ou les peuples : tout se
passe du moins, dans l'histoire résumée par le
Manifeste communiste, comme si la bourgeoisie
était menée par quelque Idée hégélienne.

Mais pour une philosophie qui répudie toute
finalité, immanente ou transcendante, il ne
saurait y avoir là qu'une apparence qui reste à
expliquer. A la suite de quels phénomènes de
fusion, donc, un certain nombre d'individus
deviennent-ils capables d'agir et de penser uni-
tairement, et comme s'ils visaient une fin commune ? Pour en rendre compte, il importerait
de montrer comment une classe arrive à l'existence non seulement en soi, mais pour soi ; en
d'autres termes comment les individus qui la
composent prennent conscience de leur unité,
et posent leur moi collectif. La répartition des
tâches, dit-on, leur crée des situations analogues. Mais des similitudes, même devenues
conscientes, ne suffisent pas sans doute à créer
une conscience de classe : il y faut le sentiment d'une solidarité propre. Or, pour que ce
sentiment s'éveille au cœur des individus, il
importe qu'ils soient, non pas seulement jux-

taposés, mais organisés. Karl Marx en fait la
remarque, à propos des paysans parcellaires.
« Ils vivent dans la même situation, mais ils ne
sont pas unis par de nombreux rapports ». En
conséquence, la classe paysanne sera « un sac
de pommes de terre » plutôt qu'une classe véritable. Il n'y a de véritable classe que là où il
s'est formé une conscience collective. Mais
pour qu'une conscience collective se forme,
encore y faut-il le concours d'un certain nombre
d'institutions. Les conditions nécessaires à
l'éclosion sont multiples, et difficilement réunies. Autre chose, remarque à ce propos
M. Halbwachs [1], est rassembler les données de
l'histoire économique, autre chose déterminer
dans quelle mesure, et ajouterons-nous, à travers quels intermédiaires, la conscience sociale
en peut être influencée. En ce sens, on peut
soutenir que longtemps les seuls membres des
classes privilégiées constituent à proprement

1. Discutant les théories de Schmoller, Bücher et Som-
bart sur les classes, dans la *Revue de métaphysique et de morale*,
1905, p. 893.
V. l'Introduction de son livre sur *la Classe ouvrière et les ni-
veaux de vie*, Alcan, 1912.

parler une classe, armée de pied en cap [1]. Seuls,
à la fois possédants et dirigeants, également
attachés au type de vie qui leur est commun,
ils jouissent, prêts à la défendre au besoin, de
cette unité que donne l'action politique, l'usage
des différentes formes du pouvoir. Le cas des
classes moyennes est différent. Elles constituent plutôt une lice, et un passage. Leurs éléments sont en mouvement incessant. Les uns
montent, les autres descendent : mauvaises
conditions pour s'agréger les uns aux autres.
Quant à ceux qui restent dans les bas-fonds,
les prolétaires, ils sont sans doute soumis à
une même pression : mais combien d'institutions leur restent à créer pour que la conscience
de cette situation commune devienne une réalité agissante ? .C'est à ces desiderata que fait
allusion le nouveau syndicalisme lorsqu'il dé-
montre la nécessité de réintroduire, dans le
déterminisme marxiste, une philosophie de la
volonté [2].

1. Cf. ANDLER, *Commentaire du manifeste communiste*, p. 82.
2. Voir dans la collection du *Mouvement socialiste*, les articles de MM. Lagardelle et Berth.

BOUGLÉ.   15

Eût-on d'ailleurs analysé les mécanismes complexes grâce auxquels les classes deviennent conscientes, il resterait encore à montrer comment elles s'y prennent, pour agir sur l'idéologie. Est-ce seulement en tablant sur les effets de mobiles intéressés, mis en branle par des idées qui ne seraient que des prétextes ? La théorie des idées-prétextes a été maintes fois esquissée par les fondateurs du socialisme scientifique. Engels nous montre par exemple la revendication des Droits de l'Homme suggérée par les besoins industriels de la bourgeoisie. Il faut à ses manufactures des masses d'hommes mobilisables à volonté, embauchables et congédiables à merci, « deux fois libres », c'est-à-dire délivrés de toute tutelle en même temps que dénués de toute ressource. La bourgeoisie se servira donc du droit naturel comme d'un bélier pour démolir les enclos du régime féodal et corporatif : elle fait place nette. Deux siècles avant déjà, lorsque la réforme réclame l'égale liberté des croyances, il est permis de reconnaître, sous les protestations libérales, les aspirations du commerce naissant qui veut avoir ses coudées franches : c'est la « libre concurrence » qui cherche à se faire jour, et qui pousse devant elle la libre pensée. « Déguisement », dira Engels : les intérêts s'habillent en idées.

On le voit, des explications de ce genre supposent dans la conscience de classe une sorte de machiavélisme spontané : il y entrerait, en parts difficiles à déterminer, de l'auto-duperie et de l'hypocrisie. Il semble que les possédants déterminent par un calcul inavoué les principes qui leur sont utiles afin de les faire passer au premier plan. Ou du moins leur esprit penche instinctivement du côté de leur intérêt. La « logique des sentiments » opère, comme dirait M. Ribot : elle les fait s'arrêter aux formules propres à justifier l'attitude que leur impose le désir de défendre leur situation.

L'explication a l'inconvénient de toutes les explications utilitaires. Elle prête trop sans doute au calcul, fût-il inconscient. Ceux qui s'en contentent oublient qu'il est rare, en histoire, que l'acteur prévoie les plus utiles répercussions de son geste. Ne retombent-ils pas par là

dans l'erreur cent fois reprochée à l'économie
classique ? Elle réalisait, dans l'*homo æconomi-
cus*, une sorte d'échangiste idéal, qui ne vise
qu'au plus grand profit et sait pertinemment les
moyens d'y atteindre. Ainsi le socialisme
semble prêter à la conscience de classe une
vision trop nette de l'intérêt de classe. Il
impute à la bourgeoisie, en particulier, un trop
grand nombre de faits exprès.

En réalité, si les idées dominantes d'un
temps se modifient, il est vraisemblable que
l'attraction de l'intérêt n'en est pas seule responsable : la pression des circonstances y entre
pour quelque chose. Elles imposent, quels que
soient les désirs de la sensibilité, un certain
contenu à l'imagination. Une théorie vraiment
libérée de finalisme attacherait plus de prix
aux empreintes mécaniquement déposées sur
l'esprit par les faits. Il arrive plus d'une fois
d'ailleurs que Marx et Engels orientent leurs
explications de ce côté. Lorsque Engels, par
exemple, nous dit de Calvin que sa théorie de
la prédestination n'est qu'une sorte de transposition de la réalité commerciale, laquelle fait

dépendre le succès de conjonctures imprévi-
sibles plus que du mérite personnel, les suggestions de l'égoïsme de classe ne sont plus
ici en jeu : un fait a été traduit sans qu'une fin
ait été poursuivie. Des influences de ce genre
mériterait sans doute d'être prises en considération, dans bien des cas où Marx et Engels
se contentent d'escompter l'action plus ou
moins mystérieuse d'une « volonté de classe »
suggérant des « interprétations intéressées. »
On a essayé de prouver par exemple, à propos
des idées égalitaires, que les variations tant
quantitatives que qualitatives des sociétés,
l'accroissement de l'homogénéité et de l'hétérogénéité, les progrès de l'unification et de la
complication dans la civilisation occidentale
devaient y rendre plus aisée l'expansion de ces
idées, en ouvrant insensiblement les esprits au
sentiment du prix égal des personnalités différentes [1]. Si le matérialisme historique ne signifie pas seulement rattachement à l'égoïsme,
mais d'abord élimination du finalisme, de pa-

---

1. Ce sont les thèses que nous avons essayé de démontrer
dans notre étude sur les *Idées égalitaires*.

reilles explications, qui escomptent une modi-
fication automatique des sentiments par les
impressions, seraient plus « matérialistes »
que celles qui prêtent aux classes une volonté
analogue à la volonté de vivre de Schopenhauer,
où à la volonté de dominer de Nietzsche.

Mais il est clair qu'en suivant ce chemin on
rencontrerait d'autres faits que ceux qui dérivent directement des transformations de la
technique ; et l'on ferait entrer en ligne de
compte les effets de formes sociales autres
que la classe. De cela aussi, d'ailleurs, Marx
et Engels ont eu le pressentiment. S'agit-il par
exemple de l'État, ils s'efforcent, — réagissant ainsi contre la philosophie sociale du dix-
huitième siècle, qui réservait la place d'honneur aux formes du gouvernement, — de démontrer que l'État lui aussi n'est qu'ombre et
reflet : le pouvoir politique n'est jamais que le
serviteur des intérêts économiques. Mais Marx
et Engels ne nieront pas pour autant les effets
propres du groupement politique. Nous ne
faisons pas seulement allusion ici aux lettres
où Engels, atténuant systématiquement les

thèses du matérialisme historique, insiste sur
l'autonomie relative des forces qui doivent,
mais en dernière instance seulement, s'incliner
sous la pression de l'organisation économique ;
en particulier « la puissance politique, dit-il,
tend à toute l'autonomie possible, et une fois
établie, elle est douée elle aussi d'un mouvement propre ». Mais Marx lui-même, dans les
ouvrages où il confronte sa philosophie avec
l'histoire, fait, au moins implicitement, des concessions analogues. Que signifient par exemple
les réflexions de Marx sur ce qu'il appelle le
crétinisme parlementaire ? « Il relègue les
malades qui en sont infectés en un monde
imaginaire, leur enlève tout sens, tout souvenir, toute intelligence du grossier monde extérieur. » Ils attribuent une importance déme-
surée aux délibérations et aux décisions des
assemblées. Qu'est-ce à dire ? Les effets ainsi
dénoncés tiennent-ils à des causes économiques ? Voit-on ici à l'œuvre les suggestions des
intérêts de classe ? On y voit seulement l'action
d'un certain milieu fermé, dont les méfaits
continueraient sans doute alors même qu'en

dehors de lui l'organisation des classes serait
changée du tout au tout. Du moins — si nous
en croyons les critiques répétées par les parti-
sans du syndicalisme — l'expérience tendrait
à prouver qu'en pénétrant dans ce milieu les
représentants de la classe ouvrière y prennent
les mêmes plis que les autres : ils sont saisis
eux aussi et malaxés par la « logique » du par-
lementarisme.

Ce que nous observons là d'un groupement
proprement politique il faudrait le répéter,
toutes choses égales d'ailleurs, de toutes les
formes d'associations, grandes ou petites, per-
manentes ou éphémères, volontaires ou spontanées, qui chevauchent sur les classes : chacun
de ces groupements peut exercer ses effets
spéciaux, capables ici de compléter, et là de
contrarier l'influence du groupement économique. Est-il besoin d'ajouter que cela est vrai
surtout de ces groupements globaux qui s'appellent les nations ? C'est sur ce point, peut-
être, qu'avec le recul de l'histoire l'abstraction
marxiste paraîtra la plus violente. Depuis le
moment où le *Manifeste communiste* déniait,

pour le prolétariat du moins, toute raison d'être
au principe des nationalités, le principe des
nationalités n'a pas cessé, avec le concours des
prolétaires, de pétrir et repétrir l'Europe. Les
forces sentimentales ainsi dégagées se sont mon-
trées capables, jusqu'à nouvel ordre, de séparer ceux que leurs intérêts de classe devraient
unir, et d'unir ceux qu'ils devraient séparer[1].

La sociologie a pour objet, dit-on quelquefois, de mettre en lumière les formes sociales,
leurs causes et leurs conséquences propres. Si
cette définition est exacte, on comprend que la
sociologie ne doive pas méconnaître l'influence
des classes. Mais on comprend du même coup
qu'elle ne puisse se réduire tout entière à l'étude
de cette seule influence.

Mais la définition que nous venons de citer
est sans doute trop étroite encore. En fait, les
recherches de la sociologie ne nous ont pas

1. Voir dans les *Libres entretiens* de 1906-1907 les discussions sur l'*Internationalisme* (vi et vii : *Patriotisme et Lutte de
classes*).

seulement habitués à prendre les formes sociales comme centres d'observation. Elles tendent à faire prévaloir une conception spéciale des représentations collectives, de leur nature et de leurs fonctions. C'est sur ce point peut-être que les divergences deviendraient plus sensibles entre le marxisme et la sociologie. Celle-ci ne nous inclinerait pas seulement à élargir la base des explications proposées par Marx et Engels ; elle nous amènerait à réagir contre leur penchant à résoudre les idées dominatrices d'un temps en prétextes ou en illusions. En un mot elle n'aurait pas seulement à compléter « l'économisme », comme dit M. Barth, mais à limiter ce que M. Masaryk appelle « l'illusionisme » marxiste.

Les idées ne sont que des ombres projetées (sur le fond de la caverne ? Mais d'abord, pour reprendre l'image de Platon, les figurines dont les ombres sont ainsi projetées ne sont pas toutes modelées, nous venons de le rappeler, par des forces économiques. Et puis, qui dit ombre ne dit pas forcément apparence illusoire. Et ces ombres sont peut-être nécessaires

pour faire converger les regards des hommes.
Il faudrait faire subir ici à l'illusionisme matérialiste une correction analogue à celle qu'on
fait subir d'ordinaire à l'illusionisme idéaliste.
Le monde extérieur n'est qu'une apparence,
dit celui-ci. Mais il est bientôt forcé d'ajouter :
c'est une apparence bien fondée. Et pour que
l'esprit humain se construise une science du
monde, force lui est de se représenter les
phénomènes étalés dans l'espace et dans le
temps. De même et inversement, à qui nous
avertit que le monde intérieur n'est qu'une apparence, nous devrons répondre qu'il est une
apparence bien fondée, non seulement à cause
des réalités sociales qu'il traduit à sa manière,
mais encore à cause de l'œuvre de coordination
qu'il accomplit, en offrant aux tendances individuelles des centres de convergence. Ainsi
l'apparition de ces fantômes qui sont les
croyances et les doctrines — religieuses ou
politiques ou morales — ne serait pas seulement inévitable ; elle serait indispensable. Elle
aurait à jouer dans l'histoire un rôle d'irrem-
plaçable intermédiaire.

De cette vérité encore le sentiment n'a
manqué, assurément, ni à Marx ni à Engels.
On se souvient de ce que dit Marx, dans *le
XVIII Brumaire*, des ombres romaines qui
« veillèrent sur le berceau de la Révolution
française. Les gladiateurs de la société bour-
geoise, ajoute-t-il, trouvèrent dans les traduc-
tions strictement classiques de la République
romaine l'idéal et les formes artistiques, les
illusions dont ils avaient besoin pour se dissi-
muler à eux-mêmes l'objet bourgeoisement
étroit de leurs luttes et maintenir leur passion
à la hauteur de la grande tragédie historique ».
Engels dira de même qu'à la fin du moyen âge
« pour déchaîner une tempête dans les masses,
dont l'âme était exclusivement nourrie de religion, on dut leur présenter leurs propres intérêts sous un déguisement religieux ». Marx et
Engels reconnaissent donc l'utilité, sinon la
nécessité des « travestis idéologiques ». Ne
faut-il pas que l'image soit « renversée »,
comme dit Engels encore, pour être aperçue ?

Malgré tout, la notion subsiste, chez les
théoriciens du matérialisme historique, qu'à la

base de ces illusions se retrouve une sorte de
ruse plus ou moins consciente des classes privilégiées, et qu'il suffit de dénoncer la manœuvre pour en voir s'évanouir les effets. Aussi
paraissent-ils penser que dorénavant, l'humanité n'aura plus d'illusions. Il ne lui sera plus
nécessaire, pour avancer, de courir après les
feux follets des idées. Mais sur ce point encore
l'expérience ne paraît pas ratifier les prophéties marxistes. Nous voyions avant-hier les philosophes du socialisme syndicaliste[1] revenir
à la théorie des « mythes » nécessaires au
prolétariat. Une notion comme celle de la
grève générale peut, nous dit-on, n'être pas
scientifiquement vérifiable, ni pratiquement
réalisable : elle garde cependant une raison
d'être si elle suscite et coordonne les enthousiasmes, si elle « règle » et « rallie », comme
aimait à dire M. Brunetière, les activités. En
fait d'ailleurs, les formules marxistes elles-
mêmes n'agissent-elles point par leur rayon-
nement sentimental bien plus que par leur

1. Voir G. SOREL, *Réflexions sur la violence*, précédées d'une
lettre à D. Halévy.

noyau scientifique ? Leur force de propagande
ne réside-t-elle pas dans l'idéal qu'elles incar-
nent bien plus que dans la réalité qu'elles tra-
duisent ? C'est un des traits qu'ont en vue
ceux qui répètent que le mouvement socialiste est par excellence un mouvement religieux.

Au vrai, toutes les idées qui tendent, par les
jugements de valeur qu'elles impliquent, au
gouvernement de l'action collective, gardent
une couleur religieuse. Elles s'imposent, et
elles en imposent. « La Patrie, la Révolution
française, Jeanne d'Arc, etc., sont pour nous
des choses sacrées auxquelles nous ne per-
mettons pas qu'on touche. L'opinion publique
ne tolère pas volontiers qu'on conteste la supériorité morale de la démocratie, la réalité du
progrès, l'idée d'égalité, de même que le chrétien ne laisse pas mettre en discussion ses
dogmes fondamentaux [1]. » A vrai dire, on ne
saurait comprendre le caractère plus ou moins
nettement impératif de ces croyances, même

1. Durkheim, dans l'Année sociologique, t. II, 20.

laïques, si l'on ne se représente les origines et
les fonctions sociales de la religion, ses survivances et ses succédanés.

Mais c'est là sans doute ce qu'a le moins
bien compris le matérialisme historique. Marx
et Engels restent, en matière de philosophie
religieuse, les disciples de Feuerbach. « Dieu
est le miroir de l'homme » — « La religion est
la fille du désir ». Lorsqu'il explique à l'aide
de ces principes les hallucinations religieuses,
Feuerbach ne fait pas à proprement parler de
psychologie sociale. Il tient compte des facultés de l'espèce, non des effets du groupement.
Marx lui en fait le reproche, dans une formule
où le point de vue sociologique est nettement
caractérisé : « Feuerbach ne voit pas que le
« sentiment religieux » est lui-même un produit social, et que l'individu abstrait qu'il analyse appartient en réalité à une forme de société
déterminée ». Mais par cela même que Marx
résout aussitôt toute forme sociale en rapports
économiques, il rétrécit le cercle des recherches
auxquelles sa propre formule aurait pu l'inciter. Il s'en tiendra à la pensée qu'il exprime

dans la *Question juive* et dans la *Critique de la Philosophie du Droit :* « La religion exprime un manque. — La religion est l'opium du peuple ». A la fois aveu et mensonge, l'existence d'une religion est la preuve que l'organisation économique est imparfaite : car on ne rêve que ce qu'on ne possède pas. Et en même temps, elle est un effort pour stéréotyper cette imperfection en paralysant le peuple : car on ne cherche pas à conquérir ce qu'on possède en rêve. Ainsi par ses origines comme par ses fonctions la religion est étroitement soudée à l'économie. Les variations de la technologie commandent donc, en dernière analyse, celle de la théologie.

Qu'une hypothèse de ce genre — plus fidèle que Marx et Engels ne s'en rendaient compte à l'esprit du dix-huitième siècle, — explique malaisément tous les faits découverts par la science des religions, ce n'est pas douteux. « La religion est le plus primitif de tous les phénomènes sociaux, écrivait M. Durkheim [1].

---

1. *Revue philosophique*, 1897, p. 650.

Dans le principe tout est religieux. Or, nous ne connaissons aucun moyen de réduire la religion à l'économie ni aucune tentative pour opérer réellement cette réduction. Nul n'a encore montré sous quelles influences économiques le naturalisme était sorti du totémisme, par suite de quelles modifications dans la technique il était devenu ici le monothéisme abstrait de Jahvé, là le polythéisme gréco-latin, et nous doutons fort que jamais on réussisse dans une pareille entreprise. Plus généralement, il est incontestable qu'à l'origine le facteur économique est rudimentaire, alors que la vie religieuse est au contraire luxuriante et envahissante. Comment donc pourrait-elle en résulter ? »

C'est là sans doute un des plus graves inconvénients de la préoccupation marxiste : à vouloir souder la religion à l'économie, on oublie comment, avant même que les modes de la production aient pu se modifier notablement, les modes de la croyance ont dû pétrir la matière humaine. On sait comment Engels adapte Morgan à Marx : pour compléter le matéria-

lisme historique, à la théorie de l'outil il
adapte la théorie de la famille, qui est comme
la fabrique de l'espèce et qui fournit à la société
son matériel d'hommes. Il s'efforce de faire
remonter à un phénomène économique, la propriété privée — elle-même liée aux progrès de
la division du travail — la responsabilité de la
dissolution des *gentes* primitives : ainsi se
créent d'une part la monogamie qui, tempérée
par le droit du mâle à l'adultère, assure le privilège de l'homme et de ses « héritiers »,
d'autre part l'État qui assure, avec ses forces
policières et ses ressources fiscales, le privilège
des possédants. Il est remarquable que c'est
seulement alors, quand il fait intervenir les
formes de la division du travail et le régime de
la propriété privée, qu'Engels reconnaît des
influences « de nature sociale ». Ne voit-on
donc à l'œuvre jusque-là que des forces d'ordre
biologique ? Faudra-t-il classer sous cette ru-
brique celles qui ordonnent la famille austra-
lienne autour du totem, ou le γένος grec autour
du foyer domestique ? Ce caractère religieux
des premiers groupements familiaux — carac-

tère que les recherches récentes ont mis en si
vive lumière — Engels ne paraît pas le
soupçonner. Parce qu'elle n'a point d'ouver-
tures de ce côté, sa sociologie s'interdit de découvrir l'origine, tout à fait étrangère à l'économie, de nombre de scrupules qui continuent
d'exercer leur action sur les sociétés. L'industrie travaillera sur un « donné » social, que le
matérialisme historique néglige systématiquement. Il oublie, observait M. Jaurès [1], que
l'évolution historique a été précédée d'une
longue évolution physiologique. Ajoutons que
l'évolution économique a été précédée d'une
longue évolution religieuse. C'est celle-ci qu'il
importerait d'étudier pour rechercher, sur des
exemples typiques, comment se forment et
comment agissent, selon la logique qui leur est
propre, les représentations collectives.

On se convaincrait alors que, comme elles
n'ont pas pour origine unique des « manques »
de l'organisation économique, les croyances
religieuses sont loin d'avoir pour unique fonc-

1. *Idéalisme et matérialisme dans la conception de l'histoire*, conférence, p. 14.

tion le maintien de l'inégalité. C'est ici que l'on pourrait utiliser, en les transposant, les indications de Marx sur la formation des « choses sociales » qui se dressent devant les consciences individuelles. Si les croyances religieuses sont investies en effet d'un prestige spécial, qui fait que l'on considère comme un crime de les renier, c'est sans doute qu'elles sont les produits de forces supérieures aux individus ; c'est qu'elles résultent de l'action qu'ils exercent les uns sur les autres en se tenant groupés. Et leur fonction est avant tout, en effet, de rallier et de régler les activités du groupe : elles fournissent comme des centres d'aimantation pour la cohésion sociale. C'est pourquoi M. Boutroux pouvait résumer en ces termes les théories du « sociologisme » : « L'observation montre que la religion n'est autre chose que la société elle-même, imposant à ses membres les croyances et les actions que requiert son existence et son développement. La religion est une fonction sociale » [1].

1. *Science et religion*, p. 190.

Et sans doute un moment vient, et doit fatalement venir, en raison des transformations mêmes des sociétés, où la foi perd son empire: de moins en moins les consciences individuelles se laissent tyranniser. Toutefois les croyances « laïques », si elles servent de centres de ralliement à un certain nombre de sentiments intenses, comme elles exercent la même fonction que les croyances religieuses, gardent longtemps quelque chose de leur caractère. A travers elles aussi on sent à l'œuvre des forces supérieures aux individus. La doctrine même qui assigne comme fin à la société la garantie du droit individuel, conserve, dans la mesure où elle répond à un sentiment collectif, une sorte d'auréole. On a pu parler d'une religion de la personnalité humaine.

De ce point de vue c'est avec un esprit tout différent de l'esprit marxiste qu'on aborderait l'étude de l'idéologie. On accordera aux représentations collectives une tout autre valeur que celle que leur assigne le matérialisme historique, si l'on a clairement aperçu leurs tenants et leurs aboutissants sociaux. On les trai-

tera dès lors, non plus comme des épiphéno-
mènes, mais comme des synthèses *sui generis*
capables de déviations propres : prismes, et
non pas seulement reflets.

TABLE DES MATIÈRES

3949. — Tours, imp. E. ARRAULT et Cⁱᵉ.

www.ingramcontent.com/pod-product-compliance
Lightning Source LLC
Chambersburg PA
CBHW070810270326
41927CB00010B/2372